De La Riva Jiu-Jitsu
170 Techniques

CONTENTS

CHAPTER 01 — Bottom Position

Technique 001	**Triangle Choke from Closed Guard ❶**	クローズドガードからの三角絞め❶	클로즈드 가드의 트라이앵글 초크 ❶	006
Technique 002	**Triangle Choke from Closed Guard ❷**	クローズドガードからの三角絞め❷	클로즈드 가드의 트라이앵글 초크 ❷	007
Technique 003	**Triangle Choke from Closed Guard ❸**	クローズドガードからの三角絞め❸	클로즈드 가드의 트라이앵글 초크 ❸	008
Technique 004	**Triangle Choke from Closed Guard ❹**	クローズドガードからの三角絞め❹	클로즈드 가드의 트라이앵글 초크 ❹	009
Technique 005	**Triangle Choke from Closed Guard ❺**	クローズドガードからの三角絞め❺	클로즈드 가드의 트라이앵글 초크 ❺	010
Technique 006	**Omoplata from Triangle Defense**	三角絞めからオモプラッタへの変化	트라이앵글 초크에서 오모플라타로 전환	011
Technique 007	**Arm Bar from Closed Guard ❶**	クローズドガードからのアームバー❶	클로즈드 가드에서 암바 전환 ❶	012
Technique 008	**Arm Bar from Closed Guard ❷**	クローズドガードからのアームバー❷	클로즈드 가드에서 암바 전환 ❷	013
Technique 009	**Omoplata from Closed Guard**	クローズドガードからのオモプラッタ	클로즈드 가드에서 오모플라타 전환	014
Technique 010	**Cross Choke from Closed Guard**	クローズドガードからの十字絞め	클로즈드 가드에서 크로스 초크	015
Technique 011	**Arm Bar from Closed Guard ❸**	クローズドガードからのアームバー❸	클로즈드 가드의 암바 ❸	016
Technique 012	**Arm Bar from Closed Guard ❹**	クローズドガードからのアームバー❹	클로즈드 가드의 암바 ❹	017
Technique 013	**Arm Bar from Closed Guard ❺**	クローズドガードからのアームバー❺	클로즈드 가드의 암바 ❺	018
Technique 014	**Arm Bar from Closed Guard ❻**	クローズドガードからのアームバー❻	클로즈드 가드의 암바 ❻	019
Technique 015	**Sweep from Closed Guard ❶**	クローズドガードからのスイープ❶	클로즈드 가드의 스위프 ❶	020
Technique 016	**Arm Bar from Technique 015**	テクニック015からのアームバー	기술 015에서 암바 전환	021
Technique 017	**Sweep from Closed Guard ❷**	クローズドガードからのスイープ❷	클로즈드 가드의 스위프 ❷	022
Technique 018	**Sweep from Closed Guard ❸**	クローズドガードからのスイープ❸	클로즈드 가드의 스위프 ❸	023
Technique 019	**Sweep from Closed Guard ❹**	クローズドガードからのスイープ❹	클로즈드 가드의 스위프 ❹	024
Technique 020	**Sweep from Half Guard ❶**	ハーフガードからのスイープ❶	하프 가드의 스위프 ❶	025
Technique 021	**Sweep from Half Guard ❷**	ハーフガードからのスイープ❷	하프 가드의 스위프 ❷	026
Technique 022	**Sweep from Half Guard ❸**	ハーフガードからのスイープ❸	하프 가드의 스위프 ❸	027
Technique 023	**Sweep from Half Guard ❹**	ハーフガードからのスイープ❹	하프 가드의 스위프 ❹	028
Technique 024	**Sweep from Half Guard ❺**	ハーフガードからのスイープ❺	하프 가드의 스위프 ❺	029
Technique 025	**Sweep from Half Guard ❻**	ハーフガードからのスイープ❻	하프 가드의 스위프 ❻	030
Technique 026	**Sweep from Half Guard ❼**	ハーフガードからのスイープ❼	하프 가드의 스위프 ❼	031
Technique 027	**Sweep from Half Guard ❽**	ハーフガードからのスイープ❽	하프 가드의 스위프 ❽	032
Technique 028	**Sweep from Half Guard ❾**	ハーフガードからのスイープ❾	하프 가드의 스위프 ❾	033
Technique 029	**Sweep from Half Guard ❿**	ハーフガードからのスイープ❿	하프 가드의 스위프 ❿	034
Technique 030	**Taking the Back from Half Guard**	ハーフガードからバックを奪う	하프 가드에서 백테이킹	035
Technique 031	**Sweep from Reverse Half Guard**	リバースハーフガードからのスイープ	리버스 하프 가드의 스위프	036
Technique 032	**Taking the Back from Reverse Half Guard**	リバースハーフガードからバックを奪う	리버스 하프 가드에서 백테이킹	037
Technique 033	**Triangle Choke from Half Guard**	ハーフガードからの三角絞め	하프 가드의 트라이앵글 초크	038
Technique 034	**Armbar from Half Guard**	ハーフガードからのアームバー	하프 가드의 암바	039
Technique 035	**Omoplata from Half Guard**	ハーフガードからのオモプラッタ	하프 가드의 오모플라타	040
Technique 036	**Armlock from Half Guard**	ハーフガードからのアームロック	하프 가드의 암록	041
Technique 037	**Recovering Closed Guard from Half Guard**	ハーフガードからクローズドガードに戻す方法	하프 가드에서 클로즈드 가드로 리커버링	042
Technique 038	**Sweep from Butterfly Guard ❶**	バタフライガードからのスイープ❶	버터플라이 가드의 스위프 ❶	043
Technique 039	**Sweep from Butterfly Guard ❷**	バタフライガードからのスイープ❷	버터플라이 가드의 스위프 ❷	044
Technique 040	**Sweep from Butterfly Guard ❸**	バタフライガードからのスイープ❸	버터플라이 가드의 스위프 ❸	045
Technique 041	**Sweep from Butterfly Guard ❹**	バタフライガードからのスイープ❹	버터플라이 가드의 스위프 ❹	046
Technique 042	**Sweep from Butterfly Guard ❺**	バタフライガードからのスイープ❺	버터플라이 가드의 스위프 ❺	047
Technique 043	**Sweep from Spider Guard ❶**	スパイダーガードからのスイープ❶	스파이더 가드의 스위프 ❶	048
Technique 044	**Sweep from Spider Guard ❷**	スパイダーガードからのスイープ❷	스파이더 가드의 스위프 ❷	049
Technique 045	**Sweep from Spider Guard ❸**	スパイダーガードからのスイープ❸	스파이더 가드의 스위프 ❸	050
Technique 046	**Lasso Sweep from Spider Guard**	スパイダーガードからラッソースイープへの変化	스파이더 가드에서 라쏘 스위프로 전환	051
Technique 047	**X Guard Sweep from Spider Guard**	スパイダーガードからXガードスイープへの変化	스파이더 가드에서 X 가드 스위프로의 전환	052
Technique 048	**Triangle Choke from Spider Guard**	スパイダーガードからの三角絞め	스파이더 가드에서 트라이앵글 초크	053
Technique 049	**Triangle Choke from Open Guard**	オープンガードからの三角絞め	오픈 가드에서 트라이앵글 초크로 전환	054
Technique 050	**Armbar from Open Guard ❶**	オープンガードからのアームバー❶	오픈 가드에서 암바로 전환 ❶	055
Technique 051	**Armbar from Open Guard ❷**	オープンガードからのアームバー❷	오픈 가드의 암바 ❷	056
Technique 052	**Biceps Slicer from Open Guard**	オープンガードからのバイセップススライサー	오픈 가드에서 바이셉 슬라이서	057
Technique 053	**Omoplata from Open Guard ❶**	オープンガードからのオモプラータ❶	오픈 가드에서 오모플라타 ❶	058
Technique 054	**Omoplata from Open Guard ❷**	オープンガードからのオモプラータ❷	오픈 가드에서 오모플라타 ❷	059
Technique 055	**Omoplata from Open Guard ❸**	オープンガードからのオモプラータ❸	오픈 가드에서 오모플라타 ❸	060
Technique 056	**Sweep from Open Guard ❶**	オープンガードからのスイープ❶	오픈 가드에서 스위프 ❶	061
Technique 057	**Sweep from Open Guard ❷**	オープンガードからのスイープ❷	오픈 가드에서 스위프 ❷	062
Technique 058	**Sweep from Open Guard ❸**	オープンガードからのスイープ❸	오픈 가드에서 스위프 ❸	063
Technique 059	**Sweep from Open Guard ❹**	オープンガードからのスイープ❹	오픈 가드에서 스위프 ❹	064

Technique 060	**Sweep from Open Guard ❺**	/ オープンガードからのスイープ ❺	/ 오픈 가드에서 스위프 ❺	065
Technique 061	**Sweep from Open Guard ❻**	/ オープンガードからのスイープ ❻	/ 오픈 가드에서 스위프 ❻	066
Technique 062	**Omoplata from Technique 061**	/ テクニック 061 からオモプラッタ	/ 61 번 테크닉에서 오모프라타 바로 전환	067
Technique 063	**Sweep from Open Guard ❼**	/ オープンガードからのスイープ ❼	/ 오픈 가드에서 스위프 ❼	068
Technique 064	**Sweep from Open Guard ❽**	/ オープンガードからのスイープ ❽	/ 오픈 가드에서 스위프 ❽	069
Technique 065	**Sweep from Open Guard ❾**	/ オープンガードからのスイープ ❾	/ 오픈 가드에서 스위프 ❾	070
Technique 066	**Sweep from Open Guard ❿**	/ オープンガードからのスイープ ❿	/ 오픈 가드에서 스위프 ❿	071
Technique 067	**Sweep from Open Guard ⓫**	/ オープンガードからのスイープ ⓫	/ 오픈 가드에서 스위프 ⓫	072
Technique 068	**Sweep from Open Guard ⓬**	/ オープンガードからのスイープ ⓬	/ 오픈 가드에서 스위프 ⓬	073
Technique 069	**Sweep from De La Riva Guard ❶**	/ デラヒーバガードからのスイープ ❶	/ 데라히바 가드에서 스위프 ❶	074
Technique 070	**Sweep from De La Riva Guard ❷**	/ デラヒーバガードからのスイープ ❷	/ 데라히바 가드에서 스위프 ❷	075
Technique 071	**Sweep from De La Riva Guard ❸**	/ デラヒーバガードからのスイープ ❸	/ 데라히바 가드에서 스위프 ❸	076
Technique 072	**Sweep from De La Riva Guard ❹**	/ デラヒーバガードからのスイープ ❹	/ 데라히바 가드에서 스위프 ❹	077
Technique 073	**Sweep from De La Riva Guard ❺**	/ デラヒーバガードからのスイープ ❺	/ 데라히바 가드에서 스위프 ❺	078
Technique 074	**Armbar from Tecnique 073**	/ テクニック 073 からのアームバー	/ 73 번 테크닉에서 암바로 전환	079
Technique 075	**Taking the Back from Tecnique 073**	/ テクニック 073 からバックを奪う	/ 73 번 테크닉에서 백테이킹	080
Technique 076	**Sweep from De La Riva Guard ❻**	/ デラヒーバガードからのスイープ ❻	/ 데라히바 가드에서 스위프 ❻	081
Technique 077	**Sweep from De La Riva Guard ❼**	/ デラヒーバガードからのスイープ ❼	/ 데라히바 가드에서 스위프 ❼	082
Technique 078	**Sweep from De La Riva Guard ❽**	/ デラヒーバガードからのスイープ ❽	/ 데라히바 가드에서 스위프 ❽	083
Technique 079	**Sweep from De La Riva Guard ❾**	/ デラヒーバガードからのスイープ ❾	/ 데라히바 가드에서 스위프 ❾	084
Technique 080	**Sweep from De La Riva Guard ❿**	/ デラヒーバガードからのスイープ ❿	/ 데라히바 가드에서 스위프 ❿	085
Technique 081	**Sweep from De La Riva Guard ⓫**	/ デラヒーバガードからのスイープ ⓫	/ 데라히바 가드에서 스위프 ⓫	086
Technique 082	**Sweep from De La Riva Guard ⓬**	/ デラヒーバガードからのスイープ ⓬	/ 데라히바 가드에서 스위프 ⓬	087
Technique 083	**Sweep from De La Riva Guard ⓭**	/ デラヒーバガードからのスイープ ⓭	/ 데라히바 가드에서 스위프 ⓭	088
Technique 084	**Sweep from De La Riva Guard ⓮**	/ デラヒーバガードからのスイープ ⓮	/ 데라히바 가드에서 스위프 ⓮	089
Technique 085	**Sweep from De La Riva Guard ⓯**	/ デラヒーバガードからのスイープ ⓯	/ 데라히바 가드에서 스위프 ⓯	090
Technique 086	**Sweep from De La Riva Guard ⓰**	/ デラヒーバガードからのスイープ ⓰	/ 데라히바 가드에서 스위프 ⓰	091
Technique 087	**Taking the Back from Tecnique 086**	/ テクニック 086 からバックを奪う	/ 086 테크닉에서 백으로 전환	092
Technique 088	**Sweep from De La Riva Guard ⓱**	/ デラヒーバガードからのスイープ ⓱	/ 데라히바 가드에서 스위프 ⓱	093
Technique 089	**Sweep from De La Riva Guard ⓲**	/ デラヒーバガードからのスイープ ⓲	/ 데라히바 가드에서 스위프 ⓲	094
Technique 090	**Sweep from De La Riva Guard ⓳**	/ デラヒーバガードからのスイープ ⓳	/ 데라히바 가드에서 스위프 ⓳	095
Technique 091	**Sweep from De La Riva Guard ⓴**	/ デラヒーバガードからのスイープ ⓴	/ 데라히바 가드에서 스위프 ⓴	096
Technique 092	**Sweep from De La Riva Guard ㉑**	/ デラヒーバガードからのスイープ ㉑	/ 데라히바 가드에서 스위프 ㉑	097
Technique 093	**Sweep from De La Riva Guard ㉒**	/ デラヒーバガードからのスイープ ㉒	/ 데라히바 가드에서 스위프 ㉒	098
Technique 094	**Sweep from Reverse De La Riva Guard ❶**	/ リバースデラヒーバガードからのスイープ ❶	/ 리버스 데라히바 가드에서 스위프 ❶	099
Technique 095	**Sweep from Reverse De La Riva Guard ❷**	/ リバースデラヒーバガードからのスイープ ❷	/ 리버스 데라히바 가드에서 스위프 ❷	100
Technique 096	**Sweep from Reverse De La Riva Guard ❸**	/ リバースデラヒーバガードからのスイープ ❸	/ 리버스 데라히바 가드에서 스위프 ❸	101
Technique 097	**Sweep from Reverse De La Riva Guard ❹**	/ リバースデラヒーバガードからのスイープ ❹	/ 리버스 데라히바 가드에서 스위프 ❹	102
Technique 098	**Sweep against Over Under Pass ❶**	/ オーバーアンダーパスに対してのスイープ ❶	/ 오버언더 패스에 대한 스위프 ❶	103
Technique 099	**Sweep against Over Under Pass ❷**	/ オーバーアンダーパスに対してのスイープ ❷	/ 오버언더 패스에 대한 스위프 ❷	104
Technique 100	**Sweep against Over Under Pass ❸**	/ オーバーアンダーパスに対してのスイープ ❸	/ 오버언더 패스에 대한 스위프 ❸	105
Technique 101	**Sweep against Over Under Pass ❹**	/ オーバーアンダーパスに対してのスイープ ❹	/ 오버언더 패스에서 스위프 ❹	106
Technique 102	**Armlock against Over Under Pass**	/ オーバーアンダーパスに対してのアームロック	/ 오버언더 패스에 대한 암락	107
Technique 103	**Loop Choke against Over Under Pass**	/ オーバーアンダーパスに対してのループチョーク	/ 오버언더 패스에서 루프초크	108
Technique 104	**Triangle Choke against Double Under Pass**	/ ダブルアンダーパスに対してのトライアングルチョーク	/ 오버언더 패스에서 트라이앵글 초크	109
Technique 105	**Taking the Back against Stack Pass**	/ スタックパスに対してバックを奪う	/ 스택패스에서 백테이크	110
Technique 106	**Sweep against Knee Slide Pass ❶**	/ ニースライドパスに対してのスイープ ❶	/ 니슬라이드 패스에서 스위프 ❶	111
Technique 107	**Sweep against Knee Slide Pass ❷**	/ ニースライドパスに対してのスイープ ❷	/ 니슬라이드 패스에서 스위프 ❷	112

CHAPTER 01 Bottom Position ↑

CHAPTER 02 Top Position ↓

Technique 108	**How to break the Closed Guard ❶**	/ クローズドガードの切り方 ❶	/ 클로즈드 가드를 깨는 방법 ❶	114
Technique 109	**How to break the Closed Guard ❷**	/ クローズドガードの切り方 ❷	/ 클로즈드 가드를 깨는 방법 ❷	115
Technique 110	**How to break the Closed Guard ❸**	/ クローズドガードの切り方 ❸	/ 클로즈드 가드를 깨는 방법 ❸	116
Technique 111	**How to break the Closed Guard ❹**	/ クローズドガードの切り方 ❹	/ 클로즈드 가드를 깨는 방법 ❹	117
Technique 112	**How to break the Closed Guard ❺**	/ クローズドガードの切り方 ❺	/ 클로즈드 가드를 깨는 방법 ❺	118
Technique 113	**How to break the Closed Guard ❻**	/ クローズドガードの切り方 ❻	/ 클로즈드 가드를 깨는 방법 ❻	119
Technique 114	**How to break the Closed Guard ❼**	/ クローズドガードの切り方 ❼	/ 클로즈드 가드를 깨는 방법 ❼	120
Technique 115	**Closed Guard Pass ❶**	/ クローズドガードを切ってからのパスガード ❶	/ 클로즈드 가드 패스 ❶	121
Technique 116	**Closed Guard Pass ❷**	/ クローズドガードを切ってからのパスガード ❷	/ 클로즈드 가드 패스 ❷	122

Technique	Title	Japanese	Korean	Page
Technique 117	Closed Guard Pass ❸	クローズドガードを切ってからのパスガード ❸	클로즈드 가드 패스 ❸	123
Technique 118	Closed Guard Pass ❹	クローズドガードを切ってからのパスガード ❹	클로즈드 가드 패스 ❹	124
Technique 119	Closed Guard Pass ❺	クローズドガードを切ってからのパスガード ❺	클로즈드 가드 패스 ❺	125
Technique 120	Closed Guard Pass ❻	クローズドガードを切ってからのパスガード ❻	클로즈드 가드 패스 ❻	126
Technique 121	Open Guard Pass ❶	オープンガードに対してのパスガード ❶	오픈 가드 패스 ❶	127
Technique 122	Open Guard Pass ❷	オープンガードに対してのパスガード ❷	오픈 가드 패스 ❷	128
Technique 123	Open Guard Pass ❸	オープンガードに対してのパスガード ❸	오픈 가드 패스 ❸	129
Technique 124	Open Guard Pass ❹	オープンガードに対してのパスガード ❹	오픈 가드 패스 ❹	130
Technique 125	Open Guard Pass ❺	オープンガードに対してのパスガード ❺	오픈 가드 패스 ❺	131
Technique 126	Open Guard Pass ❻	オープンガードに対してのパスガード ❻	오픈 가드 패스 ❻	132
Technique 127	Open Guard Pass ❼	オープンガードに対してのパスガード ❼	오픈 가드 패스 ❼	133
Technique 128	Open Guard Pass ❽	オープンガードに対してのパスガード ❽	오픈 가드 패스 ❽	134
Technique 129	Open Guard Pass ❾	オープンガードに対してのパスガード ❾	오픈 가드 패스 ❾	135
Technique 130	Open Guard Pass ❿	オープンガードに対してのパスガード ❿	오픈 가드 패스 ❿	136
Technique 131	Open Guard Pass ⓫	オープンガードに対してのパスガード ⓫	오픈 가드 패스 ⓫	137
Technique 132	Open Guard Pass ⓬	オープンガードに対してのパスガード ⓬	오픈 가드 패스 ⓬	138
Technique 133	Open Guard Pass ⓭	オープンガードに対してのパスガード ⓭	오픈 가드 패스 ⓭	139
Technique 134	Open Guard Pass ⓮	オープンガードに対してのパスガード ⓮	오픈 가드 패스 ⓮	140
Technique 135	Open Guard Pass ⓯	オープンガードに対してのパスガード ⓯	오픈 가드 패스 ⓯	141
Technique 136	Open Guard Pass ⓰	オープンガードに対してのパスガード ⓰	오픈 가드 패스 ⓰	142
Technique 137	Open Guard Pass ⓱	オープンガードに対してのパスガード ⓱	오픈 가드 패스 ⓱	143
Technique 138	Open Guard Pass ⓲	オープンガードに対してのパスガード ⓲	오픈 가드 패스 ⓲	144
Technique 139	Open Guard Pass ⓳	オープンガードに対してのパスガード ⓳	오픈 가드 패스 ⓳	145
Technique 140	Open Guard Pass ⓴	オープンガードに対してのパスガード ⓴	오픈 가드 패스 ⓴	146
Technique 141	Spider Guard Pass ❶	スパイダーガードに対してのパスガード ❶	스파이더 가드 패스 ❶	147
Technique 142	Spider Guard Pass ❷	スパイダーガードに対してのパスガード ❷	스파이더 가드 패스 ❷	148
Technique 143	Spider Guard Pass ❸	スパイダーガードに対してのパスガード ❸	스파이더 가드 패스 ❸	149
Technique 144	Spider Guard Pass ❹	スパイダーガードに対してのパスガード ❹	스파이더 가드 패스 ❹	150
Technique 145	Spider Guard Pass ❺	スパイダーガードに対してのパスガード ❺	스파이더 가드 패스 ❺	151
Technique 146	Spider Guard Pass ❻	スパイダーガードに対してのパスガード ❻	스파이더 가드 패스 ❻	152
Technique 147	Lasso Guard Pass ❶	ラッソーガードに対してのパスガード ❶	라쏘 가드 패스 ❶	153
Technique 148	Lasso Guard Pass ❷	ラッソーガードに対してのパスガード ❷	라쏘 가드 패스 ❷	154
Technique 149	Half Guard Pass ❶	ハーフガードに対してのパスガード ❶	하프 가드 패스 ❶	155
Technique 150	Half Guard Pass ❷	ハーフガードに対してのパスガード ❷	하프 가드 패스 ❷	156
Technique 151	Half Guard Pass ❸	ハーフガードに対してのパスガード ❸	하프 가드 패스 ❸	157
Technique 152	Half Guard Pass ❹	ハーフガードに対してのパスガード ❹	하프 가드 패스 ❹	158
Technique 153	Half Guard Pass ❺	ハーフガードに対してのパスガード ❺	하프 가드 패스 ❺	159
Technique 154	Half Guard Pass ❻	ハーフガードに対してのパスガード ❻	하프 가드 패스 ❻	160
Technique 155	Half Guard Pass ❼	ハーフガードに対してのパスガード ❼	하프 가드 패스 ❼	161
Technique 156	Half Guard Pass ❽	ハーフガードに対してのパスガード ❽	하프 가드 패스 ❽	162
Technique 157	Half Guard Pass ❾	ハーフガードに対してのパスガード ❾	하프 가드 패스 ❾	163
Technique 158	Half Guard Pass ❿	ハーフガードに対してのパスガード ❿	하프 가드 패스 ❿	164
Technique 159	X Guard Pass ❶	Xガードに対してのパスガード ❶	엑스 가드 패스 ❶	165
Technique 160	X Guard Pass ❷	Xガードに対してのパスガード ❷	엑스 가드 패스 ❷	166
Technique 161	Butterfly Guard Pass ❶	バタフライガードに対してのパスガード ❶	버터플라이 가드 패스 ❶	167
Technique 162	Butterfly Guard Pass ❷	バタフライガードに対してのパスガード ❷	버터플라이 가드 패스 ❷	168
Technique 163	Butterfly Guard Pass ❸	バタフライガードに対してのパスガード ❸	버터플라이 가드 패스 ❸	169
Technique 164	Butterfly Guard Pass ❹	バタフライガードに対してのパスガード ❹	버터플라이 가드 패스 ❹	170
Technique 165	Sit up Guard Pass ❶	シットアップガードに対してのパスガード ❶	싯업 가드 패스 ❶	171
Technique 166	Sit up Guard Pass ❷	シットアップガードに対してのパスガード ❷	싯업 가드 패스 ❷	172
Technique 167	Mount Position from side control ❶	サイドコントロールからマウントポジションを奪う ❶	사이드 컨트롤에서 마운트 포지션으로 전환 ❶	173
Technique 168	Mount Position from side control ❷	サイドコントロールからマウントポジションを奪う ❷	사이드 컨트롤에서 마운트 포지션으로 전환 ❷	174
Technique 169	Mount Position from side control ❸	サイドコントロールからマウントポジションを奪う ❸	사이드 컨트롤에서 마운트 포지션으로 전환 ❸	175
Technique 170	Taking the Back from side control	サイドコントロールからバックを奪う	사이드 컨트롤에서 백테이킹	176

CHAPTER 02 Top Position

Message from Master De La Riva / デラヒーバ先生からブラジリアン柔術を愛するみなさんへ ... 177
Profile / プロフィール / 프로필 ... 178

De La Riva Jiu-Jitsu

CHAPTER 01 →
Bottom Position

Technique 001 — Bottom Position

Triangle Choke from Closed Guard ❶

クローズドガードからの三角絞め ❶　　クロ즈드 가드의 트라이앵글 초크 ❶

01 ▶ 両袖を持ったクローズドガードの形から。
상대방의 양쪽 소매를 잡고 클로즈드 가드의 형태를 취한다.

02 ▶ クローズドガードを解除して、右足を相手の左腰骨あたりに当てる。
클로즈드 가드를 풀어주면서 오른쪽 무릎을 상대방의 왼쪽 허리 사이에 넣어준다.

03 ▶ 相手の左手を開いてスペースを作ったら……。
상대방의 왼손을 바깥 방향으로 잡아당기면서 공간을 만들고,

04 ▶ 自分の右足を一気に伸ばし、両足を組んで三角絞めの形を作る。この時相手の右袖はしっかりキープしておく。
자신의 오른발을 한 번에 펴서 상대방의 목 뒤로 넣고 왼발로 오른발을 트라이앵글 초크 상태로 만든다. 이 때 상대방의 오른쪽 소매는 단단히 잡아준다.

05 ▶ 三角絞めを極める。三角絞めを極める際には、自分の両足のつま先は必ず天井を向くように注意する。
트라이앵글 초크 시 허벅지를 조여 준다. 이 때 자신의 오른쪽 다리의 발끝은 천장을 향하게 한다.

Triangle Choke from Closed Guard ❷

クローズドガードからの三角絞め ❷ 　クロズド 가드의 트라이앵글 초크 ❷

Technique 002 Bottom Position

02 ▶ 6ページで紹介した三角絞めを狙おうとした時……。
6 페이지에서 소개한 트라이앵글 초크를 시도하려고 할 때,

02 ▶ 相手が警戒してこの仕掛けを防ごうとしたら、6ページとは逆の足で三角絞めを狙いに行く。この時右袖はキープしたままにしておく。
상대방이 이 기술을 방어하려고 하면, 6 페이지와는 반대의 발로 트라이앵글 초크를 시도한다. 이 때 오른쪽 소매는 잡고 있는 상태를 유지한다.

03 ▶ 相手の左袖を自分の左側に流し、右足を外側に出したら左足を伸ばして三角絞めの形へ。
상대방의 왼손을 자신의 왼쪽으로 당기며 오른발을 골반에 받쳐주고 왼쪽 다리는 뻗어준다.

04 ▶ 三角絞めの形を組む時に相手の頭を上げる力が強かったら、自分の腕で補助して極めよう。
트라이앵글 초크를 할 때 상대방이 머리를 올리려는 힘이 강하면 오른손으로 왼쪽 발목을 당겨준다.

Technique 003
Bottom Position

Triangle Choke from Closed Guard ❸

クローズドガードからの三角絞め ❸   클로즈드 가드의 트라이앵글 초크 ❸

01 ▸ 相手の両袖を取ったクローズドガードの形から。
상대방의 양쪽 소매를 잡은 클로즈드 가드의 형태로.

02 ▸ クローズドガードを解除して、右足は相手の左腰骨、左足は相手の右腰骨あたりに当て膝を立て、右手で相手の左手首をつかむ。
가드를 풀면서 오른발은 상대방의 골반, 왼발은 상대방의 오른쪽 골반에 붙이고 무릎을 세우고 오른손으로 상대방의 왼쪽 손목을 잡는다.

03 ▸ そのまま相手の左袖を相手の腹に向けて押し込んだら……。
그대로 상대방의 왼손을 상대방의 배를 향해서 밀어주고,

04 ▸ 同時に右足を伸ばし、三角絞めの形へ。相手の右腕は自分の右側に流したら、しっかりと足を組んで三角絞めを極める。
동시에 오른쪽 다리를 펴고 트라이앵글 초크로. 상대방의 오른팔을 자신의 오른쪽으로 당겨 기면서, 허벅지를 조여 준다.

Triangle Choke from Closed Guard ❹

クローズドガードからの三角絞め ❹   클로즈드 가드의 트라이앵글 초크 ❹

Technique
004
Bottom Position

01 ▶ 8ページで紹介した三角絞めを狙おうとした時……。
8 페이지에서 소개한 트라이앵글 초크를 시도할 때,

02 ▶ 相手のズボンをつかむ力が強く、左手首を押し込めないような場合……。
상대방이 바지를 잡는 힘이 강하여 왼쪽 손목을 당기지 못하는 경우,

03 ▶ 相手の左袖をキープしたまま、自分の右足を相手の肩に当てる。そして左足を伸ばしながら右袖を引き三角の形へ。
상대방의 왼손을 잡은 채로 왼발을 상대방의 어깨에 댄다. 왼발을 뻗으면서 우측 소매를 끌어당겨 트라이앵글 초크로 전개,

04 ▶ 足をしっかり組んで三角絞めを極める。
허벅지를 조여 조르기를 시도한다.

Technique 005
Bottom Position

Triangle Choke from Closed Guard ❺

クローズドガードからの三角絞め ❺　　클로즈드 가드의 트라이앵글 초크 ❺

01 ▶ 三角絞めを狙いたいが、相手のベースが強く頭が下がってこない時。
트라이앵글 초크를 시도하지만 상대방 베이스가 강하여 머리가 안 내려올 때,

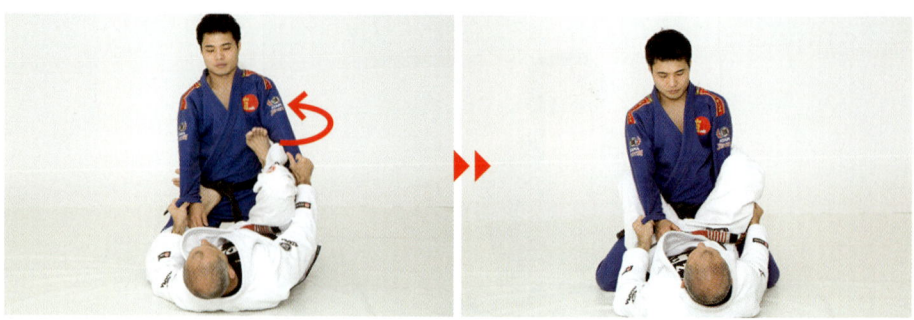

02 ▶ 両袖をキープしたまま、右足を相手の左腕の外側に回し、そのまま両足を組む。
양쪽 소매를 잡은 채 오른쪽 다리를 상대방 왼손 바깥쪽으로 돌리며 두 다리를 감는다.

03 ▶ 両足は組んだまま、つかんだ右袖を一旦離し相手の右襟をつかんだら、襟を引き落として相手の頭を下げさせる。
양발은 감은 채, 소매를 놓고 상대방의 오른쪽 깃을 잡은 후, 잡아당기면 상대방 머리가 숙여지게 된다.

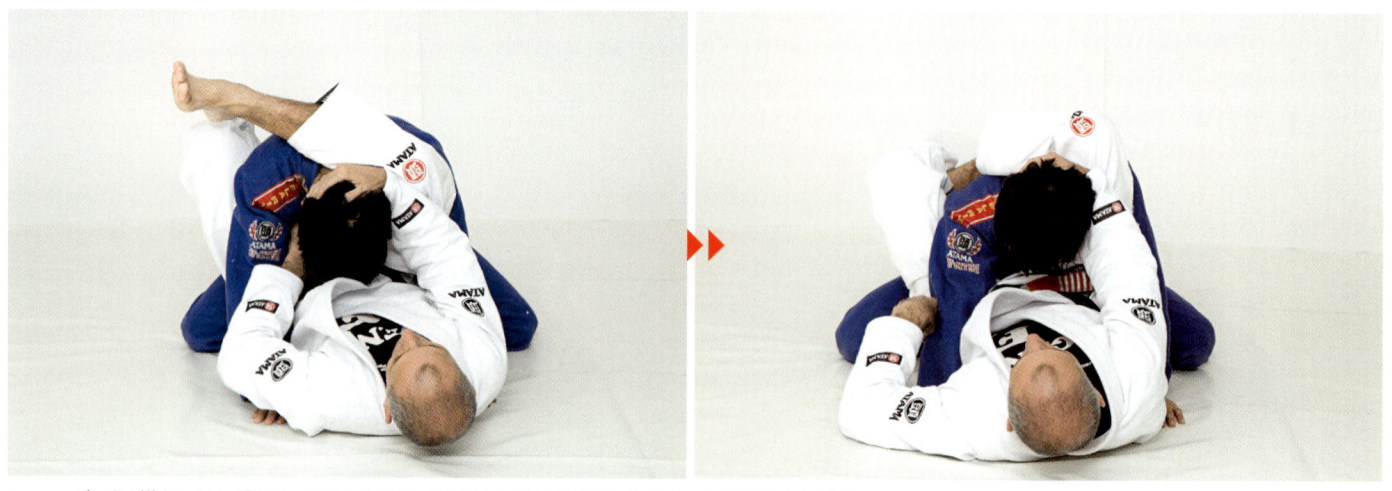

04 ▶ 左手は襟をつかんだまま、右手で相手の頭を引き寄せ足を三角に組んで、三角絞めを極める。
왼손은 옷깃을 잡고 오른손으로 상대방의 머리를 끌어당기고 발은 삼각형을 만들어 트라이앵글 초크를 시도한다.

Omoplata from Triangle Defense

三角絞めからオモプラッタへの変化　트라이앵글 초크에서 오모플라타로 전환

Technique 006
Bottom Position

01 ▶ 三角絞めを仕掛けたが、相手が頭を上げディフェンスしてきた時。
트라이앵글 초크를 시도했는데 상대방이 머리를 들어 방어할 때.

02 ▶ 三角絞めは解除し、左足を相手の肩越しに通しオモプラッタを仕掛ける。
트라이앵글 초크를 풀고 왼발을 상대방의 어깨 너머로 넘겨 오모플라타로 전환한다.

03 ▶ 相手の体と平行になるように体を移動させたら……。
상대방의 몸과 평행 되도록 몸을 이동시키고,

04 ▶ 起き上がって体を相手側ひねっていくと相手の肩関節が極まる。
상체를 세워 상대방 쪽으로 틀어 상대방의 왼쪽 어깨에 가슴을 붙인다.

Application　オモプラッタをディフェンスされたら再び三角絞め
Application 오모플라타를 막는다면 다시 트라이앵글 초크를 시도

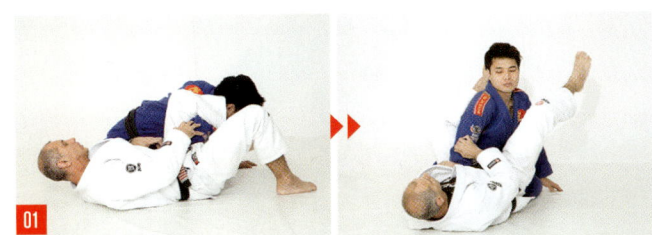

01 オモプラッタを仕掛けた際、相手の反応がよく、頭を上げてディフェンスしてきたら……。
오모플라타를 걸었을 때, 상대방의 방어가 좋아 고개를 들고 막으려하면,

02 相手の右腕を自分の右側に流しながら、右足を伸ばし再び三角絞めを狙う。
상대방 오른팔을 자신의 오른쪽으로 당긴 후, 오른발을 뻗어 트라이앵글 초크를 시도한다.

03 しっかりと足を組んで三角絞めを極める。
허벅지를 조여 준다.

Technique 007 Bottom Position
Arm Bar from Closed Guard ❶

クローズドガードからのアームバー ❶　　클로즈드 가드에서 암바 전환 ❶

01 ▶ 相手の両袖を持ったクローズドガードの形から。
상대방의 양쪽 소매를 잡은 클로즈드 가드 상태.

02 ▶ 右手は一旦相手の左袖から離して、相手の右肘を包み込むように持ち替える。こうすることで相手は簡単に腕を抜けなくなる。
왼손은 상대방의 소매를 잡고 오른손은 상대방의 오른쪽 팔꿈치를 감싸듯이 감아쥔다. 이렇게 하면 상대방은 쉽게 팔을 뺄 수 없다.

03 ▶ 左手を相手の右袖から対角線の肩口に持ち替え、相手の上半身を下げる。
왼손을 상대방의 왼쪽 대각선의 어깨를 감아쥐며, 상반신을 당겨준다.

04 ▶ ここでクローズドガードを解除し、相手と交差するような位置に体を移動し、右足を相手の肩口に乗せプレッシャーをかける。こうすることで、相手は上半身をこれ以上起こすことができなくなる。
여기서 클로즈드 가드를 풀고 왼발은 골반, 오른발은 겨드랑이 위로 감아 왼손은 어깨를 당겨 상체를 들 수 없게 만든다.

05 ▶ 左足を相手の右肩に乗せ足を組む。足を組むのは必ず右足が上になるように。逆だと相手が頭を上げることが簡単になるからだ。
왼발을 상대방의 오른쪽 어깨에 올려 발을 감는다. 다리를 감을 땐 오른발이 위로 되어야 상대방이 방어하는 것이 어려워진다.

06 ▶ 相手の左肩を持っていた手を離し、相手の右腕に持ち替えたら自分の腹を突き出してアームバーを極める。この時相手の右手の親指が上になるように決めないとアームバーは極まりづらいので注意しよう。
상대방의 왼쪽 어깨를 잡고 있던 손을 놓고 상대방의 오른손을 감아쥔 후 배를 내밀고 암바를 시도한다. 이 때 상대방의 오른쪽 엄지 손가락이 위로 향하게 한다.

Arm Bar from Closed Guard ❷

クローズドガードからのアームバー ❷ 　클로즈드 가드에서 암바 전환 ❷

Technique 008
Bottom Position

01 ▶ 12 ページ 02 の形から……。
12 페이지 02 형태로 .

02 ▶ 同様に左手で相手の対角線の肩口をつかみ、クローズドガードを解除して体を交差するような位置に移動させる。
왼손으로 상대방의 대각선쪽 어깨를 잡아당긴 후 가드를 풀고 왼발은 골반 오른발은 겨드랑이에 붙인다 .

03 ▶ 右足は相手の上半身を抑えつけるようにプレッシャーをかけ、左足は相手の腰を蹴り大きく弧を描くように移動させ相手の首にかける。
오른발은 뒤꿈치와 종아리로 상대방 어깨를 눌러주며 , 왼쪽 다리는 크게 원을 그리며 목에 건다 .

04 ▶ この時足は組まずにつま先は三角絞めの時と同様上に向ける。そうすることで相手の頭にかかるプレッシャーが大きくなるからだ。ここまで形を作ったら、自分の腹を突き出してアームバーを極める。
이 때 발은 천장을 향하게 하며 , 뒤꿈치를 머리 쪽으로 내려야 상대방이 고개를 들어 방어하기가 힘들어 진다 . 이 후 허리를 들어 암바를 시도한다 .

Omoplata from Closed Guard

クローズドガードからのオモプラッタ 클로즈드 가드에서 오모플라타 전환

01 ▶ 12ページ02の形から、今度はオモプラッタを狙う。
12 페이지 02 에서 , 오모플라타를 시도할 때 ,

02 ▶ 左手で相手の対角線の肩口をつかみ、相手の上半身をひきつけたら……。
왼손으로 상대방의 어깨를 잡아당겨 상반신을 숙여주며 ,

03 ▶ 相手の肩口をつかんでいた左手で相手の頭を押し、同時に右足は相手の肩にかける。
어깨를 잡고 있던 왼손으로 상대방의 머리를 밀며 , 동시에 오른발은 상대방의 어깨에 감는다 .

04 ▶ 自分は相手の体と平行になるように移動したら……。
자신은 상대방의 몸과 평행하게 이동한다 .

05 ▶ 左手で相手の上半身が起きて来ないようにプレッシャーをかけ、右手は地面につけ起き上がる。ここまでできたら自分の体を相手側にひねって相手の肩関節を極める。
왼손으로 상대방의 상반신이 일어나지 못하게 눌러주며 오른손은 땅을 짚으며 일어난다 .
자신의 상체를 상대방의 대각선 어깨 방향으로 숙여 오모플라타를 시도한다 .

Cross Choke from Closed Guard

クローズドガードからの十字絞め　클로즈드 가드에서 크로스 초크

Technique 010 Bottom Position

01 ▶ 12ページ 02 の形から十字絞めを狙う。
12 페이지 02 형태로 크로스 초크를 노린다.

02 ▶ 左手で相手の対角線の肩口をつかみ、相手の上半身を惹きつけるまでは一緒。
왼손으로 상대방의 대각선 방향 어깨를 잡고 상대방의 상반신을 끌어당기고,

03 ▶ 右手は相手の右手から離し、自分の左手の下から逆手で相手の対角線の襟をつかむ。この時なるべく襟の奥深くを握る。
오른손은 상대방의 팔꿈치를 놓고 자신의 왼손 아래로 넣어 상대방의 목을 잡는다.

04 ▶ ここまで来たら、脇を締めながら両手を自分に引きつける。
양 팔꿈치를 겨드랑이쪽으로 당기며 상대방을 끌어당긴다.

05 ▶ もし 04 で絞まらなかったら、両足を相手の腰に当て、自分は相手から遠ざかりながら絞めると良い。
04 에서 졸리지 않으면 두 발을 상대방의 골반에 대고 상대방을 밀면 효과적이다.

Technique 011 Bottom Position

Arm Bar from Closed Guard ❸
クローズドガードからのアームバー ❸　클로즈드 가드의 암바 ❸

01 ▸ 両袖を持ったクローズドガードの形から。
상대방의 양쪽 소매를 잡은 클로즈드 가드 상태.

02 ▸ 相手の左袖を外側に開き、三角絞めを狙うように足を組む。この後左足は相手の顔にかけるので、足を組む際は左足が上になるように。
상대방의 왼손을 밖으로 벌려 트라이앵글 초크를 할 수 있도록 발을 건다. 이 후 왼쪽 다리는 상대방의 어깨에 걸고, 다리를 감을 때는 왼발이 위로 되게.

03 ▸ 左足を相手の頭にかけたら、両膝を閉じ腹を突き出しアームバーを極める。両足のつま先は上を向いているように。
왼발을 상대방의 머리 앞으로 감아, 양 무릎을 붙인 후 허리를 들어 암바를 시도한다.

Arm Bar from Closed Guard ❹

クローズドガードからのアームバー ❹　　클로즈드 가드의 암바 ❹

Technique 012
Bottom Position

01 ▶ クローズドガードから、右手は相手の右袖を取り、左手は右手の外側から内側に通す。
クロー즈드 가드에서 오른손은 상대방의 오른쪽 소매를 잡고 왼손은 상대방의 오른팔 밑으로 넣어,

02 ▶ そこから左手を外側に張り、同時に相手の右袖を自分の左側に流しながら、相手の右腕を抱え込む。
왼손으로 상대방 팔을 바깥으로 돌려 감고 동시에 상대방의 우측 소매를 자신의 왼쪽으로 당겨 왼쪽 겨드랑이에 껴준다.

03 ▶ 右手を相手の右袖から離し、相手の左襟を引きつけ、左手で左襟をつかむ。
오른손을 놓고 상대방의 왼쪽 옷깃을 당겨 왼손으로 목깃을 잡는다.

04 ▶ 右手で相手の肩を掴み、相手の腕を抱えながら体を捻り、肘を極める。
오른손으로 어깨를 잡고 상대방 팔꿈치가 몸 안쪽으로 비틀리도록 엉덩이를 오른쪽으로 빼며 상체를 틀어준다.

Arm Bar from Closed Guard ❺

クローズドガードからのアームバー ❺　클로즈드 가드의 암바 ❺

01▶ 相手の両袖を取ったクローズドガードの形から。ここから相手の右手のグリップを切りにいく。

상대방의 양쪽 소매를 잡은 클로즈드 가드 상태에서 상대방의 오른손 그립을 뜯어낸다.

02▶ 右手を離し相手の右手の下側から通し、自分の左手首を握ったら、そのまま上に押し上げグリップを切る。

오른손을 놓고 상대방의 오른손의 아래로 자신의 왼쪽 소매를 잡은 후, 위로 양팔을 뻗어 그립을 뜯어낸다.

03▶ 左手で相手の右袖は持ったまま、対角線に相手の右腕を流す。

왼손으로 상대방의 오른쪽 소매를 들어 대각선으로 당긴다.

04▶ 右手は相手の肘付近に持ち替え、左手で相手の対角線の肩口を握ったら、相手の上半身を引き寄せる。

오른손은 상대방 팔꿈치를 감싸고 왼손은 상대방의 대각선 어깨를 끌어당긴다.

05▶ 左足を大きく弧を描くように旋回させ、相手の頭にかけたら腹を突き出してアームバーを極める。

왼발은 원을 그리며 상대방의 목에 걸고 허리를 들어 암바를 시도한다.

Arm Bar from Closed Guard ❻

クローズドガードからのアームバー ❻ 클로즈드 가드의 암바 ❻

Technique 014 Bottom Position

01▶ 相手の両袖を取ったクローズドガードの形から。
상대방의 양쪽 소매를 잡은 클로즈드 가드 상태.

02▶ 相手の右手を流して、左脇に抱える。相手の右手の切り方は 17 ページテクニック 012 を参照。
왼손으로 상대방 팔을 바깥으로 돌려 감고 동시에 상대방의 우측 소매를 자신의 왼쪽으로 당겨 왼쪽 겨드랑이에 껴준다.

03▶ 相手の右手を抱えた左手で、対角線の襟をつかみテクニック 012 のアームバーを狙うが……。
왼팔은 상대방 팔꿈치를 감싸고 오른손은 상대방의 대각선 어깨를 끌어당긴다. 테크닉 012 암바를 시도할 때.

04▶ 相手がこれを察知し、右肘を曲げ防御してきたら、自分の右手で相手の左前腕を抑える。
상대방이 오른쪽 팔꿈치를 굽히고 방어하면 자신의 오른손으로 상대방의 왼쪽 손목을 잡는다.

05▶ 左手は相手の襟を掴んだまま、右足は弧を描くように相手の頭にかけたら……。
왼손은 상대방의 목깃을 잡은 채. 오른쪽 다리는 원을 그리며 상대방 목에 걸어.

06▶ 左手も襟から離し、相手の左手を取ったら、腹を突き出してアームバーを極める。
왼손은 목깃을 놓고 상대방의 왼손을 잡으면 허리를 들어 암바를 시도한다.

Technique 015 Bottom Position

Sweep from Closed Guard ❶
クローズドガードからのスイープ ❶　　클로즈드 가드의 스위프 ❶

01▶ 右手は相手の左肘、左手は相手の右袖を取ったクローズドガードの形から。
오른손은 상대방 팔꿈치, 왼손으로는 상대방의 오른쪽 소매를 잡은 클로즈드 가드의 형태로.

02▶ 左手を袖から、相手のズボンのたるんだ部分に持ち替えクローズドガードを解除。
왼손을 놓고 상대방 바지의 무릎 주름진 부분을 잡은 후, 가드를 풀고.

03▶ 右足を外側に張り、エビをして左側に少し抜けたら、左足を大きく振り上げ……。
오른발을 바깥으로 차며, 오른쪽으로 엉덩이를 빼고 왼발을 겨드랑이로 향한다.

04▶ 手と足を使い振り子のような動きで相手を右側に倒し、自分もそのまま相手についていく。
손과 발을 원심력으로 회전시키고, 상대방을 오른쪽으로 넘기면서 자신도 상대방을 따라가.

05▶ マウントポジションを奪う。
마운트 포지션을 점유한다.

Arm Bar from Technique 015

テクニック 015 からのアームバー　기술 015 에서 암바 전환

Technique
016
Bottom Position

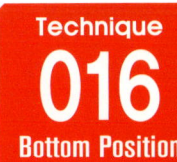

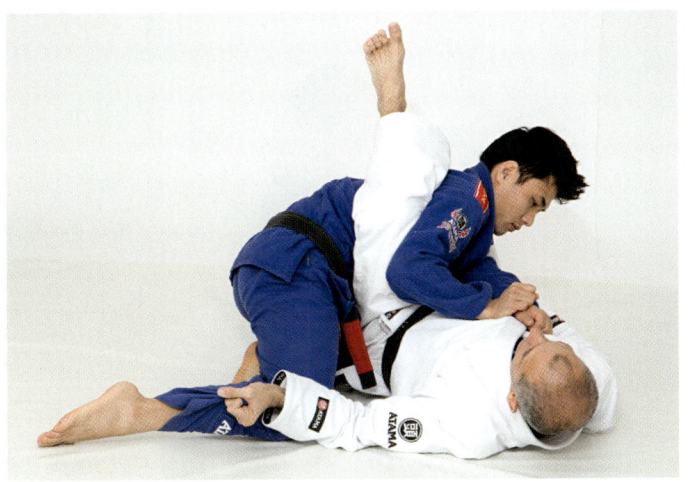

01 ▸ 20 ページの 04 で相手のバランスがよくスイープを耐えられてしまったら……。
20 페이지의 04 에서 상대방이 균형을 잡고 버티면 ,

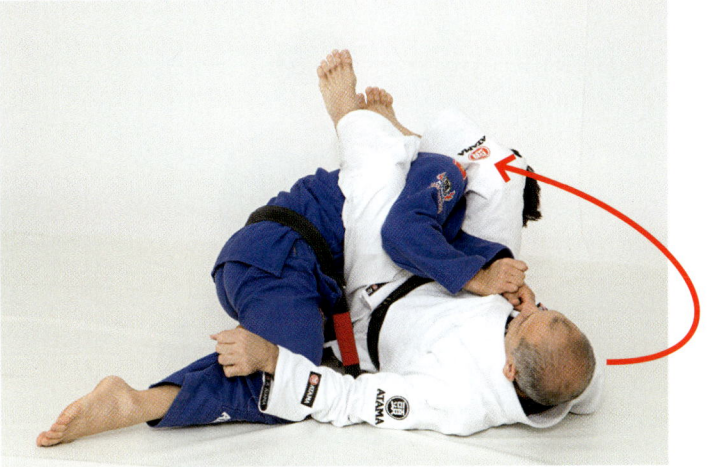

02 ▸ 右側のマットについていた足を子を描くように移動させ、相手の頭にかける。
오른발로 원을 그리며 상대방의 목에 걸어준 뒤 ,

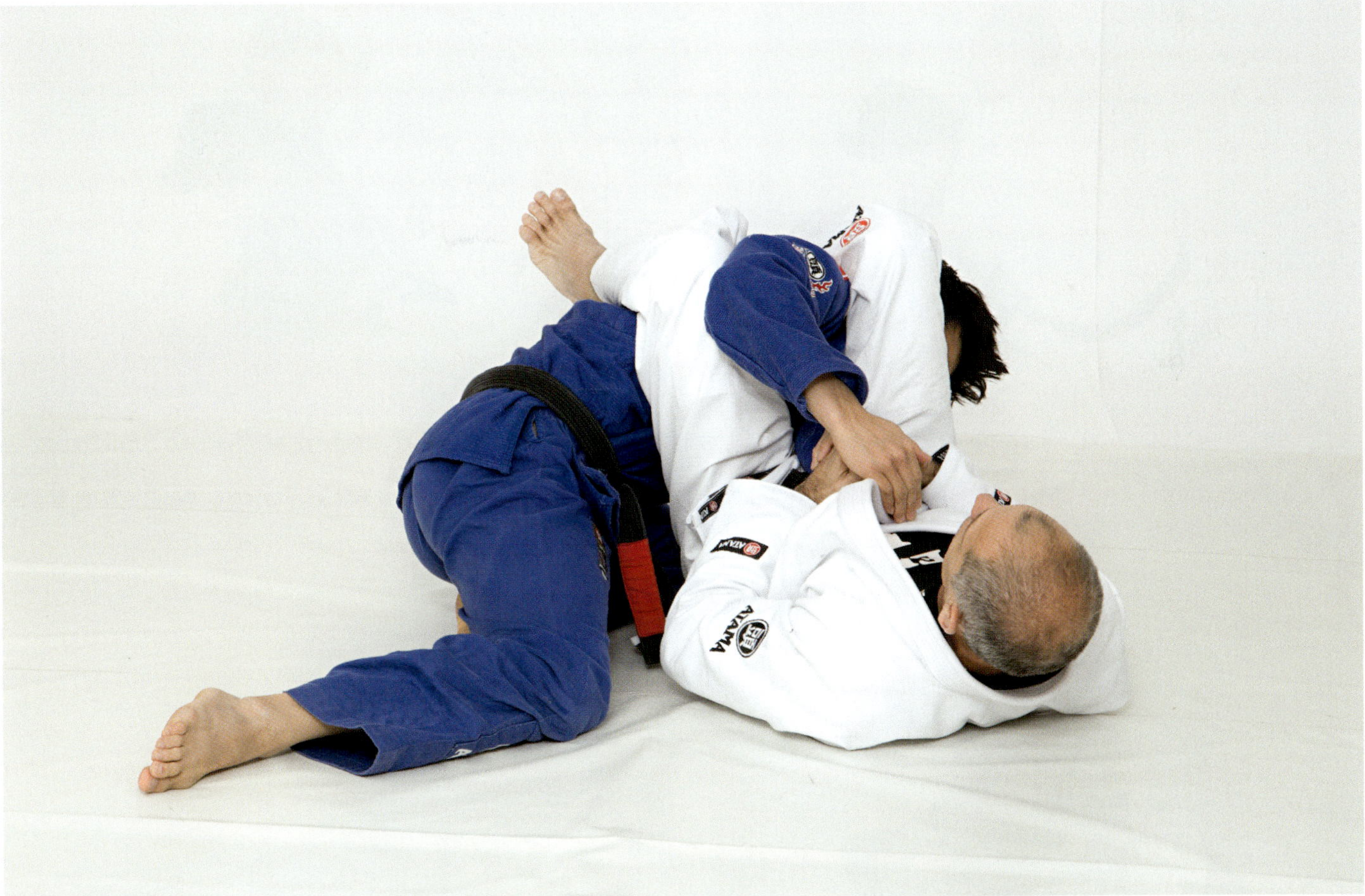

03 ▸ ズボンをつかんでいた左手を離し、相手の左手をアームバーで極める。極める時は自分の腹を突き出すように極める。
왼손을 놓고 상대방의 왼손을 잡고 허리를 들어 암바를 시도한다 .

Sweep from Closed Guard ❷

クローズドガードからのスイープ ❷　클로즈드 가드의 스위프 ❷

01 ▸ 18ページテクニック13から変化するスイープを紹介する。
상대방 오른손 아래로 자신의 왼쪽 소매를 잡은 후, 위로 양팔을 뻗어 그립을 뜯어낸다.

02 ▸ 相手の右手のグリップを切り、自分の右側に流す（グリップの切り方は18ページ参照）。
왼손으로 상대방의 오른쪽 소매를 들어 대각선으로 당긴다.

03 ▸ 右手は相手の袖をキープしたまま、エビをして左側に抜けたら、右手を外してさらに相手の背後に回っていく。自分の右足を抜く時はテクニカルスタンドアップ（柔術立ち）の要領で抜いてくる。
오른손은 상대방의 소매를 잡은 채 왼쪽으로 엉덩이를 뺀 후, 가슴을 상대방 등 뒤에 붙힌다. 자신의 오른발을 빼낼 때는 엉덩이를 충분히 뒤로 뺀 후 시도한다.

04 ▸ 相手の背後につき3秒キープすればスイープ完成。写真のように相手が亀のままならバックを奪う。
상대방의 등 뒤에 3초를 유지하면 스위프로 인정된다. 사진처럼 상대방이 터틀포지션이면 등을 점유한다.

Sweep from Closed Guard ❸

クローズドガードからのスイープ ❸　클로즈드 가드의 스위프 ❸

Technique 018 — Bottom Position

01 ▶ クローズドガードから相手が立ち上がった時。相手の右袖は左手で持ったまま、右手で相手の左足を掬いにいく。
클로즈드 가드에서 상대방이 일어섰을 때. 상대방의 오른쪽 소매는 왼손으로 잡은 채 오른손은 상대방의 왼 다리로 향한다.

02 ▶ 相手の左足を掬ったら、自分の右手に近づけるように体を右側にひねる。
상대방의 왼쪽 다리를 팔 안으로 감고 몸을 상대방 왼발쪽으로 붙인다.

03 ▶ 左手を袖から離し、右側にブリッジしていく。
왼손을 머리 위에 놓고 오른쪽으로 허리를 들어주며,

04 ▶ ブリッジと同時に相手の足を掬った右手を引いてくる、こうすることで相手は尻もちをつく。
허리를 들어줌과 동시에 오른손으로 상대방 다리를 당기면, 상대방은 엉덩방아를 찧는다.

05 ▶ 再び左手で相手の右袖を取る、相手は左手をついて起き上がろうとするので、右足を相手の肘に引っ掛けたら……。
왼손으로 상대방의 우측 소매를 잡고 상대방이 왼손을 짚고 일어날 시, 왼발을 상대방의 팔꿈치에 걸면,

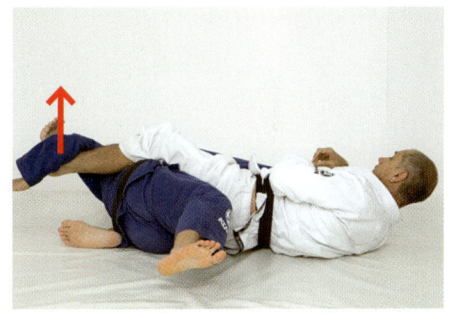

06 ▶ 左足首を上げると相手の左手はマットから離れてしまう。
왼발을 올리면 상대방의 왼손은 공중에 뜬다.

07 ▶ 左手の支えを失い倒れた相手に対し、テクニカルスタンドアップの要領で、右足を抜きマウントを奪う。
쓰러진 상대방 쪽으로 몸을 틀고 오른발을 접으며 일어나 마운트 포지션을 점유한다.

Technique 019 — Bottom Position
Sweep from Closed Guard ❹

クローズドガードからのスイープ ❹　　클로즈드 가드의 스위프 ❹

01 ▸ クローズドガードから相手が立ち上がった時。
클로즈드 가드에서 상대방이 일어섰을 때.

02 ▸ 体を右側にひねってスペースを作ったら、左手で相手の対角線の足首を取りにいく。
몸을 오른쪽으로 틀어 공간을 만들며, 왼손으로 상대방의 대각선의 발목을 잡는다.

03 ▸ 体を左側にひねり、右手で相手の右足首を取ったらそのまま矢印方向に引っ張る。
몸을 왼쪽으로 비틀어, 오른손으로 상대방의 오른쪽 발목을 잡으며 그대로 화살표 방향으로 당겨준다.

04 ▸ 相手が尻もちをついたら、自分が上になりマウントへ。その際右手で相手の肘を引き上げながらマウントを奪えば、相手に再び立ち上がられるリスクが減る。
상대방이 엉덩방아를 찧으면 자신이 올라가 마운트 포지션을 점유한다. 이 때 오른손으로 상대방의 팔꿈치를 당기면 상대방이 일어나기 힘들어진다.

Sweep from Half Guard ❶

ハーフガードからのスイープ ❶　　하프 가드의 스위프 ❶

Technique 020 Bottom Position

01▶ 相手の片方の足だけからみ、もう一方の膝で相手の体をブロックしている、いわゆるニーシールドハーフの形から。
상대방의 한쪽 다리만 감은 후, 오른쪽 무릎은 명치에 붙인다.

02▶ 右手でつかんだ襟を引き出し、相手を前方に崩す。
오른손으로 잡은 목깃을 잡고 상대방을 머리쪽으로 당긴다.

03▶ 相手のバランスが崩れるとお尻が上がるので、そのスペースに自分が潜り込んでいく。
상대방 균형이 무너질 때, 엉덩이 쪽으로 상체를 붙인다.

04▶ 左手で相手の右足を掬い、右手で相手の腰部分をつかんだら……。
왼손으로 상대방의 오른쪽 다리를 잡고 오른손으로는 상대방 허리 부분을 잡는다.

05▶ 相手の足が180度に開くように、自分の体と相手の体が交差する位置まで潜り込んでいく。
자신의 몸과 상대방의 몸이 180도 교차한다는 느낌으로 엉덩이를 왼쪽으로 빼내어준다.

06▶ 相手の右足を掬っていた左手を離し、両手で相手の右手を抱え（Another Angle 参照）、左に回転していき上下を入れ替える。相手は右手を抱えられているので、スイープを防ぐことができなくなる。
상대방의 오른발을 잡았던 왼손을 놓고 두 손으로 상대방의 왼손을 잡는다 (Another Angle 참조). 왼쪽으로 회전하여 상하를 교체한다. 상대방 오른손을 잡고 있어 스위프를 막을 수 없다.

Photo 06 Another Angle

Technique 021 — Bottom Position

Sweep from Half Guard ❷

ハーフガードからのスイープ ❷　하프 가드의 스위프 ❷

01 ▶ 25 ページ 04 の形から。
윈손으로 상대방의 오른쪽 다리를 잡고 오른손으로는 상대방 허리 부분을 잡은 상태로.

02 ▶ 相手の股下に深く潜っていきながら、左手で帯をつかむ。
상대방의 다리 사이로 깊이 파고들어간 후 왼손으로 허리벨트를 잡는다.

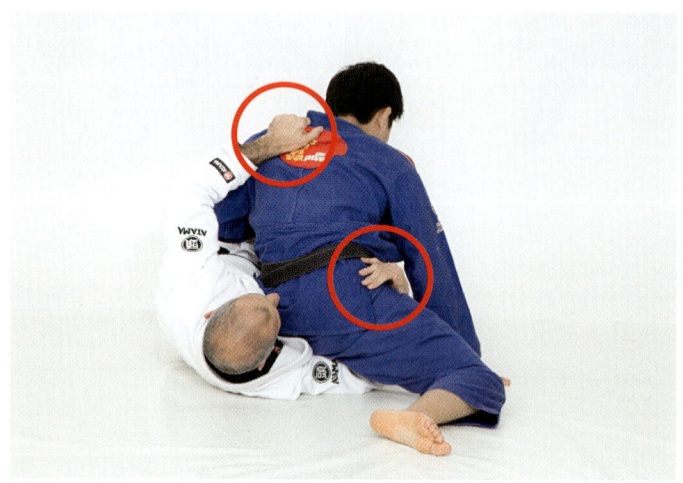

03 ▶ 相手の股をくぐり抜けたら、左手は帯から背中のたるんだ部分をつかみ、右手は相手の右足を後ろから抱える。
상대방의 다리 사이를 빠져나가면 왼손은 등을 잡고 오른손은 상대방의 오른쪽 골반을 감싼다.

04 ▶ 左手を引いて相手を崩したら、自分は右側に起き上がっていく。
왼손은 상대방의 등을 당기며 자신의 오른쪽으로 엉덩이를 빼며 일어나.

05 ▶ 相手の背中を掴んだ左手は離さず、そのまま左側に回りこみ抑え込む。
상대방의 등을 잡은 왼손은 떼지 않고 그대로 왼쪽으로 돌아가며 상대방을 누른다.

Sweep from Half Guard ❸

ハーフガードからのスイープ ❸   하프 가드의 스위프 ❸

Technique
022
Bottom Position

01 ▶ 25ページ 04 の形から。
왼손으로 상대방의 오른쪽 다리를 잡고 오른손으로는 상대방 허리 부분을 잡은 상태로.

02 ▶ 左手を相手の右足首下のスペースから入れ、足首をつかむ。
왼손을 상대방 오른쪽 발목 밑의 공간에 넣어 발목을 잡는다.

03 ▶ 一度左手を引きつけ相手の足首を自分に近づけたら、右手は相手の左足の外側から相手の右足首をつかむ。
왼손은 상대방의 발목을 엉덩이 가까이로 끌어당기며 오른손으로는 상대방의 왼발 바깥쪽으로 발목을 잡는다.

04 ▶ 左手を足首から離し、相手の左膝をつかんだら、両手を自分側に引き寄せ、右側に起き上がっていくと……。
왼손을 놓고 상대방의 무릎을 감싼 후, 두 손을 자신 쪽으로 끌어당기며 오른쪽으로 일어나면,

05 ▶ 相手は右側の支えを失っているので、スイープすることができる。
상대방은 중심을 잃고 스위프할 수 있다.

Technique 023 — Bottom Position

Sweep from Half Guard ❹

ハーフガードからのスイープ ❹　하프 가드의 스위프 ❹

01 ▶ 25ページ04の形から。
왼손으로 상대방의 오른쪽 다리를 잡고 오른손으로는 상대방 허리 부분을 잡은 상태로.

02 ▶ 相手の足をすくっている左手で相手を前に崩しながら、相手の体と平行になる位置まで潜っていく。
상대방의 허벅지를 잡고 있는 왼손으로 상대방의 균형을 무너뜨려, 상대방의 몸과 평행이 되도록 파고 들어간다.

03 ▶ 左手で相手の帯の後ろを持つ。組んでいる足は左足を上に。組んだ足を解除する時に足を抜かれにくくするため。
왼손으로 상대방의 벨트 뒤를 잡는다. 다리는 왼쪽 다리를 위로 감아, 감은 발을 풀기 전까진 상대방이 발을 빼기 힘들게 한다.

04 ▶ 自分の右手を相手の絡んでいる膝下に入れ、組んでいる右足を外し、相手の足首の下にフックする。
사진에서는 알 수 없지만 자신의 오른손을 상대방의 오금에 넣어 감고 있던 오른발을 빼고 상대방의 발목 아래에 받친다.

05 ▶ 左足を相手の足から離すのと同時に、足首にフックしている右足を上げ、さらに膝を持った右手も補助して相手の左足を上げる。
왼발을 상대방의 발에서 떼자마자 발목에 훅을 걸고 있는 오른쪽 다리와 오금을 잡은 오른손은 상대방의 왼쪽 다리를 올려준다.

06 ▶ 相手の体制が崩れたら足のフックを外し起き上がっていく。右手は上下が入れ替わるまで握ったまま。
상대방의 자세가 무너지면 발의 훅을 놓고 일어난다. 오른손은 스위프가 끝날 때까지 잡고 있는다.

Sweep from Half Guard ❺

ハーフガードからのスイープ ❺　　하프 가드의 스위프 ❺

Technique
024
Bottom Position

01▶ 25 ページ 04 の形から。
왼손으로 상대방의 오른쪽 다리를 잡고 오른손으로는 상대방의 허리 부분을 잡은 상태로.

02▶ 右足をすくっている手で相手を前に崩しながら、相手の体と平行になる位置まで潜っていく。
오른발을 잡은 손으로 상대방의 균형을 무너뜨리며, 상대방의 몸과 평행이 될 때까지 파고들어간다.

03▶ 右手は相手の右脇後ろあたりに当て、自分の足方向に押しながら……。
오른손은 상대방의 오른쪽 팔꿈치 근처에 대고 다리 방향으로 밀면서,

04▶ 左足で相手の左腿内側を蹴り、右足は後ろに引いて……。
왼발로 상대방의 왼쪽 허벅지 안쪽을 밀며, 오른발은 뒤로 당겨 빼내고,

05▶ 抱えている足を自分側に引き寄せながら、テクニカルスタンドアップで立ち上がり、上下を入れ替えスイープする。
잡고 있는 발을 자신 쪽으로 끌어당기며 일어서서 스위프한다.

Technique 025
Bottom Position

Sweep from Half Guard ❻

ハーフガードからのスイープ ❻　025 하프 가드의 스위프 ❻

01 ▶ ニーシールドハーフの形から。
니실드 하프 (오른 무릎은 상대방의 명치 , 오른발 바닥이 왼발 발등에 붙임) 의 형태 .

02 ▶ 右手で相手の左襟、左手で相手の右袖を掴んだら、相手を自分の後方にあおって右手は相手の左脇を差し、左手で相手の右腕を相手の股下に押し込む。
오른손으로 상대방의 왼쪽 목깃 , 왼손으로 상대방의 오른쪽 소매를 잡은 후 , 상대방을 자신의 윗방향으로 당겨 오른손은 상대방의 겨드랑이를 파고 왼손은 상대방의 오른팔을 상대방의 다리 사이로 밀어준다 .

03 ▶ 相手の左脇を差した右手を腰のあたりまで深く差す。
상대방의 겨드랑이를 파고 있는 오른손으로 허리를 감싸며 잡는다 .

04 ▶ 右足を相手の左膝下にフックしたら足を上げ、同時に右側に起き上がっていく。
오른발을 상대방의 무릎 아래에 훅을 걸어 상대방의 발을 올리며 오른쪽으로 일어난다 .

05 ▶ 上下を入れ替えたら相手の左脇は差したまま腰を切ってサイドポジションを奪う。
상하를 바꾸면 상대방 겨드랑이를 파서 사이드 포지션을 점유한다 .

Sweep from Half Guard ❼

ハーフガードからのスイープ ❼　　026 하프 가드의 스위프 ❼

01 ▸ ニーシールドハーフから、右手で相手の右袖を、左手は相手の右膝のたるんだ部分をつかむ。
　　　 니실드 하프에서 오른손으로 상대방의 오른쪽 소매를, 왼손은 상대방의 오른쪽 무릎의 주름진 부분을 잡는다.

02 ▸ 相手の腹に当てていた膝を胸のあたりに当てたら……。
　　　 오른쪽 무릎을 상대방의 명치에 붙여,

03 ▸ 右手を自分の右側に引きながら、胸に当てた右膝で相手を左側に倒し上下を入れ替えスイープする。
　　　 오른손은 자신의 오른쪽으로 당기며 명치에 댄 무릎으로 상대방을 왼쪽으로 밀어 넘어뜨려 스위프한다.

Technique 027 Bottom Position
Sweep from Half Guard ⑧

ハーフガードからのスイープ ⑧　　027 하프 가드의 스위프 ⑧

01 ▶ 31 ページ 02 の形から。
오른 무릎을 상대방의 명치에 붙이고．

02 ▶ 右手を自分の右足側に押し込み、膝を持った左手を上に持ち上げるように相手を浮かせたら……。
오른손을 자신의 오른발 쪽으로 밀어주며 무릎을 쥔 왼손은 위로 들어 상대방을 띄우면．

03 ▶ そのまま後転して相手についていき、上下を入れ替えスイープする。
그대로 회전하여 상대방을 따라가며 스위프한다．

Sweep from Half Guard ❾

ハーフガードからのスイープ ❾　028 하프 가드의 스위프 ❾

Technique 028 Bottom Position

01▶ 相手に脇を差されてしまい、上体を制されてしまったハーフガードから。
상대방에게 겨드랑이를 파이고, 상체를 제압당한 하프 가드에서,

02▶ 右足は絡んでいる相手の足の上に乗せたまま、左足を相手の右膝裏あたりにフックさせる。
오른발은 얽힌 상대방의 발 위에 감은 채, 왼발을 상대방의 오른쪽 오금에 훅을 건다.

03▶ 左手は相手の右膝を持ち、右手で相手の左肩口を持つ。
사진에서는 보이지 않지만, 왼손으로는 상대방의 무릎을 들고 오른손으로 상대방의 왼쪽 어깨를 잡는다.

04▶ フックした左足、左手を上げ相手を後方に倒す、その際肩口を持った右手も引いて相手を倒す補助をする。
어깨를 잡은 오른손도 당기고, 훅을 건 왼발, 왼손을 올리며 상대방을 뒤로 쓰러뜨린다.

05▶ 相手を崩すと同時に自分も左側に回転するように起き上がり、上下を入れ替えスイープを完成させる。
상대방을 넘어뜨린 후, 상대방의 왼쪽으로 회전하며 일어나 스위프를 한다.

Technique 029 Bottom Position

Sweep from Half Guard ⑩

ハーフガードからのスイープ ⑩ 하프 가드의 스위프 ⑩

01 ▶ 相手に脇を差されてしまい、上体を制されてしまったハーフガードから。
상대방에게 겨드랑이를 파이고, 상체를 제압당한 하프 가드에서,

02 ▶ 01 の形から相手がパスガードをしようと、足を抜きに来たタイミングで……。
상대방이 패스하려고 다리를 감지 못하게 한 경우,

03 ▶ 相手の顔の右側に自分の腕を引っ掛けるように右後方に肩ブリッジして上下を入れ替える。
상대방의 얼굴 오른쪽에 자신의 팔을 걸고, 오른쪽 후방으로 어깨 브릿지하여 스위프한다.

04 ▶ スイープしたら相手の上体を制して抑え込む。この技はタイミングが重要なので、相手の仕掛けを見逃さないように注意する。
스위프한 후, 상대방의 상체를 누른다. 이 기술은 타이밍이 중요하다.

Taking the Back from Half Guard

ハーフガードからバックを奪う　하프 가드에서 백테이킹

Technique 030 Bottom Position

01 ▶ ニーシールドハーフの形から。
오른 무릎을 상대방의 명치에 붙여.

02 ▶ 右手で相手の左脇深くを差す。
오른손으로 상대방의 겨드랑이를 깊이 파고 들어간다.

03 ▶ 差した右手を写真02の矢印方向に一気に振り上げると相手が前方に崩れるので、自分は体を抜いていき相手の背後へ。
오른손을 사진 02 의 화살표 방향으로 고개를 숙이며 팔꿈치를 들어 상대방의 등을 점유한다.

04 ▶ 相手の鼠蹊部に両足をフックさせバックポジションを奪う。
상대방의 허벅지 사이에 훅을 걸고 백 포지션을 점유한다.

Sweep from Reverse Half Guard

Technique 031 — Bottom Position

リバースハーフガードからのスイープ　리버스 하프 가드의 스위프

01 ▸ リバースハーフガードの形から。
리버스 하프 가드의 형태로

02 ▸ 左手で相手の後ろ襟をつかむ。この時足の組み方は左足が上になっていること。
왼손으로 상대방의 목깃을 잡고, 왼발이 위로 향하게 상대방 다리를 감는다.

03 ▸ 組んでいた右足を外して、相手の右足首下にフックする。
잡고 있던 오른발을 빼고 상대방의 오른쪽 발목 아래에 훅을 건다.

04 ▸ 右手で相手の右膝を持ったら、左足を外し……。
오른손으로 상대방의 무릎을 잡고 왼발은 땅에 붙인다.

05 ▸ 右足と右手を同時に大きく上げ、同時に左手を下に引っ張ってくる。
오른발과 오른손을 동시에 위로 밀어 올리며, 왼손은 아래로 당겨준다.

06 ▸ 上下が入れ替わるまで右手は離さず、反対側のマットに押し付け、自分は上になりスイープする。
위아래가 바뀌자마자 오른손은 놓지 않고 반대쪽 매트로 밀며 스위프한다.

Taking the Back from Reverse Half Guard

リバースハーフガードからバックを奪う　리버스 하프 가드에서 백테이킹

Technique
032
Bottom Position

01 ▶ 相手にリバースハーフガードで抑え込まれた形から。
리버스 하프 가드에서 상대방이 양손으로 다리를 잡고 있을 때,

02 ▶ 相手の右肩の後ろを両手で押して、自分は右側に抜けていくようにエビをする。
상대방의 오른쪽 어깨의 뒤를 두 손으로 밀고, 오른쪽으로 엉덩이 빼기를 시도한다.

03 ▶ 相手を押すことで相手のお尻が上がりスペースができるのでそこから左足を抜き、さらに相手を押して自分の体を抜いて背後についたら……。
상대방을 밀면 상대방 엉덩이쪽 틈이 생기므로 왼발을 빼내며 왼손으로 상대방의 등을 더 누르고 상체를 젖혀 상대방의 등이 노출되면,

04 ▶ 左足を相手の鼠蹊部にフックし、シートベールトグリップで上体を制する。
왼발을 상대방 허벅지에 걸고, 왼손은 목, 오른손은 겨드랑이를 껴안아 등을 제압한다.

Triangle Choke from Half Guard

ハーフガードからの三角絞め 하프 가드의 트라이앵글 초크

01 ▶ ニーシールドハーフの形から相手がパスガードしようとズボンをつかんできたら……。
니실드 하프의 형태에서 상대방의 패스를 위해 바지를 잡을 때.

02 ▶ 左手でズボンをつかんでいる相手の右手首をつかむ。
왼손으로 바지를 잡고 있는 상대방의 오른쪽 손목을 잡는다.

03 ▶ 右側にエビをして相手と自分の間にスペースを作ったら、左足を上げて三角絞めの形を作る。ここまで相手の右手首は持ったまま。
오른쪽으로 엉덩이를 빼서 상대방과 공간을 만들면, 상대방의 오른쪽 손목은 잡은 채, 왼발을 올려 트라이앵글 초크를 시도한다.

04 ▶ 相手の左手を自対角線に流し、頭を引き寄せ三角絞めを極める。
상대방의 왼손을 대각선으로 보내며 머리를 끌어당겨 초크를 시도한다.

Armbar from Half Guard

ハーフガードからのアームバー 하프 가드의 암바

01 ニーシールドハーフから、相手の左手を右脇で抱える。
니실드 하프에서 상대방의 왼손을 오른쪽 겨드랑이로 감싼다.

02 相手の左手は抱えたまま右側にエビをして、相手の股下にある左足を抜いたら……。
상대방의 왼손은 끌어안은 채, 오른쪽으로 엉덩이를 빼며 상대방 다리 사이에 있는 왼발을 빼내어,

03 左足を相手の右腰あたり、右膝は相手の上腕部に当て、相手の左腕を自分の両足で挟む。
왼발을 상대방의 골반을 밟고, 오른쪽 무릎은 상대방의 겨드랑이에 대고 상대방의 왼손을 자신의 두 다리로 모아준다.

04 自分の体を内側にひねるようにして膝を押し当て、肘関節を極める。
자신의 몸을 상대방의 얼굴 쪽으로 틀어 무릎을 붙이고 암바를 시도한다.

Omoplata from Half Guard

ハーフガードからのオモプラッタ 하프 가드의 오모플라타

01 ▸ 39ページ02の形から……。
상대방의 왼손은 끌어안은 채, 오른쪽으로 엉덩이를 빼며 상대방 다리 사이에 있는 왼발을 빼내어,

02 ▸ 右足を左脇から通し肩にかけたら、相手と平行の位置になるように体を移動させていく。
오른발을 왼팔에 끼워진 어깨에 걸고 상대방과 평행이 되도록 몸을 이동시킨다.

03 ▸ 左手で相手の右脇をつかみ、起き上がってくる。
왼손으로 상대방의 오른쪽 겨드랑이를 잡고 상체를 세운다.

04 ▸ 腰を左側にひねっていき、肩関節を極める。
허리를 상대방 몸 쪽으로 틀어 오모플라타를 시도한다.

Armlock from Half Guard

ハーフガードからのアームロック 하프 가드의 암록

01 ▸ ニーシールドハーフの形から……。
니실드 하프의 형태에서 .

02 ▸ 左手で相手の右手首をつかむ。
왼손으로 상대방의 오른쪽 손목을 잡는다 .

03 ▸ 左側に起き上がり、相手の肩越しに自分の右手を差し込みキムラグリップを作る。
왼쪽으로 몸을 틀어 일어나며 상대방의 어깨 너머로 자신의 오른손을 감아 기무라 그립을 만든다 .

04 ▸ 体を後ろに倒し、相手の手首と肘が直角になった形のまま相手の背中沿っていくように相手の腕を頭側に動かしていくと、肩関節を極めることができる。
몸을 뒤로 젖히며 상대방 손목과 팔꿈치가 직각이 된 형태로 상대방의 머리쪽으로 올리면 어깨 관절을 비틀 수 있다 .

Recovering Closed Guard from Half Guard

ハーフガードからクローズドガードに戻す方法　하프 가드에서 클로즈드 가드로 리커버링

01 ハーフガードで脇を差され上体を抑えられた形から。
하프 가드에서 상대방이 목과 겨드랑이를 파서 상체를 압박하는 상황에서.

02 右足を相手の右ふくらはぎあたりに乗せ、左足を一度外側に出す。
오른발을 상대방의 오른쪽 허벅지에 걸고 왼발은 밖으로 빼낸다.

03 右足で相手の足が抜けないよう押さえながら、左足首を相手の膝あたりにフックする。
오른발로 상대방의 발이 빠지지 않도록 누르면서 왼쪽 발등을 상대방의 무릎 위에 훅을 건다.

04 左手で相手の帯をつかんだら……。
왼손으로 상대방의 벨트를 잡고,

05 左足を振り上げ……。
왼발을 위로 크게 올린다.

06 フックした足首を外し、落ちてきた相手をクローズドガードで捕える。
훅을 걸고 있던 왼발을 빼고 떨어지는 상대방을 클로즈드 가드로 잡는다.

Sweep from Butterfly Guard ❶

バタフライガードからのスイープ ❶ 버터플라이 가드의 스위프 ❶

Technique 038 Bottom Position

01 ▶ 右手を相手の左脇を差して、左手で相手の右袖を持ち、右足を相手の膝にフックさせたバタフライガードの形から。
오른손은 상대방의 겨드랑이를 파고 왼손으로 상대방의 우측 소매를 잡아 오른발을 상대방 허벅지에 훅을 거는 버터플라이 가드의 상태로.

02 ▶ 脇を差した右手は相手の背中の高い位置におく。帯を持つと脇を差し返される恐れがあるからだ。体を左側に倒しながら、フックした右足を大きく振り上げる。
겨드랑이를 파고 있는 오른손은 벨트를 잡으면 돌아갈 우려가 있기 때문에 상대방의 등쪽에 위치한다. 몸을 왼쪽으로 기울이며 훅을 걸고 있는 오른발을 위로 올려준다.

写真02 右の別角度。右足は相手の膝裏にしっかりフックする。
오른발은 상대방의 무릎 오금에 확실히 훅을 건다.

03 ▶ 完全に相手が倒れるまで足のフックは外さず、そのまま相手についていけばマウントまで奪うことができる。
상대방이 완전히 쓰러질 때까지 발의 훅은 빼지 않고 따라가서 마운트를 점유한다.

Sweep from Butterfly Guard ❷

バタフライガードからのスイープ ❷　버터플라이 가드의 스위프 ❷

01 ▶ テクニック038のスイープを狙ったが、相手が察知し耐えられた場合。
기술 038 의 스위프를 시도했지만 상대방이 넘어가지 않은 경우.

02 ▶ 相手の右袖をつかんでいた左手を相手の右膝に持ち替える。
상대방의 오른쪽 소매를 잡고 있던 왼손을 상대방의 무릎으로 옮겨 잡은 후,

03 ▶ 膝を持った左手を自分側に引き寄せながら、右胸に体重をかけ相手を倒す。
무릎을 잡은 왼손을 자신 쪽으로 끌어당기며 상대방의 가슴에 체중을 실어 상대방을 쓰러뜨린다.

04 ▶ 相手の左脇を差したまま左手で相手の右手を引き寄せ、膝をスライドさせサイドポジションを奪う。
상대방의 겨드랑이를 뺏은 채, 왼손으로 상대방의 오른손을 끌어당기며 왼발은 슬라이딩하여 사이드 포지션을 점유한다.

Sweep from Butterfly Guard ❸

バタフライガードからのスイープ ❸　버터플라이 가드의 스위프 ❸

Technique 040 Bottom Position

01 ▶ 相手の左脇を差したバタフライガードの形から。
상대방의 겨드랑이를 판 버터플라이 가드의 형태에서.

02 ▶ 相手の右袖を左手で持ち、大きく左側に開いていく。
상대방의 우측 소매를 왼손으로 잡고, 왼쪽으로 올려주며.

03 ▶ できたスペースに自分の頭を入れたら……。
팔과 겨드랑이 사이로 자신의 머리를 넣는다.

04 ▶ 袖を持っていた左手を外し、体を左側に抜いていく。
소매를 잡고 있던 왼손을 빼고 몸을 왼쪽으로 틀며 등쪽으로 이동한다.

05 ▶ 完全に体が抜けたら、左手で相手の道着をつかんで体を起こし上下を入れ替える。相手が亀のままだったら、バックを奪うこともできる。
몸이 등쪽으로 빠지면 왼손으로 상대방의 도복을 잡고 등으로 올라간다. 상대방이 터틀 포지션 그대로 유지하면 백을 점유할 수 있다.

Sweep from Butterfly Guard ❹

バタフライガードからのスイープ❹　버터플라이 가드의 스위프 ❹

01 ▶ 右手で相手の横帯、左手で相手の右袖を持ったバタフライガードの形から。
오른손은 상대방 벨트, 왼손은 상대방의 우측 소매를 잡은 버터플라이 가드 상태에서

02 ▶ 相手の右袖を引き、フックした足を振り上げ、帯を持った右手で相手を倒し……。
상대방 우측 소매를 당기며 훅을 건 다리를 들어올리고, 벨트를 잡은 오른손은 상대방을 넘어뜨리며,

03 ▶ そのまま相手についていき、マウントポジションを奪う。
그대로 상대방을 따라가 마운트 포지션을 점유한다.

Sweep from Butterfly Guard ❺

バタフライガードからのスイープ ❺   버터플라이 가드의 스위프 ❺

Technique 042 Bottom Position

01 ▶ 相手の左手を右手で外側から抱え、右襟をつかんだバタフライガードの形から。
오른손으로 상대방 왼팔을 밖에서 안으로 감아 오른쪽 목깃을 잡은 버터플라이 가드의 상태로.

02 ▶ 襟をつかんだ右手で相手を手前に引き出しながら、自分は右側に抜けていく。
목깃을 잡은 오른손으로 상대방을 자신쪽으로 끌어당기며 오른쪽으로 빠져나가,

03 ▶ フックしている右足を振り上げ、抱えている腕をひねって相手を倒したら……。
훅을 건 오른발을 올려준다. 안고 있는 팔을 틀어 상대방을 쓰러뜨리면,

04 ▶ 自分も相手についていき、マウントポジションを奪う。
자신도 상대방을 따라가 마운트 포지션을 점유한다.

Technique 043 — Bottom Position
Sweep from Spider Guard ❶
スパイダーガードからのスイープ ❶ 스파이더 가드의 스위프 ❶

01 ▶ 相手の両袖をつかみ、右足で相手の左上腕部を蹴ったキックスパイダーの形から。
상대방의 양쪽 소매를 잡고 오른발로 상대방의 왼팔 이두근을 밟은 스파이더 가드 상태로.

02 ▶ 左手を袖から相手のズボンの右裾に持ち替える。
왼손을 놓고 상대방 오른쪽 바지 옷자락으로 옮겨 잡고.

03 ▶ 腰に当てていた左足を相手の足の間に入れ、相手を前に崩しながら左手と頭を近づけるように潜り込み……。
허리에 대고 있던 왼발을 상대방의 다리 사이로 들어가며 왼쪽으로 머리를 이동시킨다.

04 ▶ 相手と交差する位置まで潜り込んだら、キックしている右足で相手を大きく右側に煽り、ズボンの裾を持っている手を上げて相手を大きく崩す。
상대방과 교차하는 위치까지 파고들면 오른발로 상대방을 크게 오른쪽으로 밀어주고 바지 자락을 잡고 있는 왼손을 들어 상대방을 크게 넘겨준다.

05 ▶ 相手が倒れたら、自分も右側に起き上がっていき、スイープを完成させる。
상대방이 쓰러지면 자신도 일어나며 스위프를 한다.

Sweep from Spider Guard ❷
スパイダーガードからのスイープ ❷　스파이더 가드의 스위프 ❷

Technique
044
Bottom Position

01 ▶ 48ページ 02 の形から。
왼손을 상대방의 오른쪽 바지 옷자락으로 잡은 스파이더 가드 상태로.

02 ▶ 右足を大きく煽り、相手を前に崩しながら股下に潜っていく。
오른발을 내려주고 상대방의 밸런스를 무너뜨리며 다리로 파고 들어가.

03 ▶ 股をくぐり相手の左足を左手ですくい上げたら……。
다리 사이로 머리가 통과하여 오른쪽 다리로 상대방의 왼팔 오금을 밀어준다.

04 ▶ さらに右足で相手を前に崩し自分は起き上がり、スイープを完成させる。
이어 오른발은 상대방 옆으로 접어주며 일어나 스위프를 한다.

Technique 045 — Bottom Position
Sweep from Spider Guard ③
スパイダーガードからのスイープ ❸　스파이더 가드의 스위프 ❸

01 ▶ 48ページ02の形から。
왼손을 상대방 오른쪽 바지 옷자락으로 잡은 스파이더 가드 상태로.

02 ▶ 右足で相手を前に崩し潜りながら、左足は相手の股から出す。
오른발은 상대방의 왼팔 오금을 밀어주고 왼발은 다리 사이에서 빠져나와.

03 ▶ 左手を相手の右足から左足に持ち替える。この時自分のお尻の位置は相手の左足より外側に出るような位置に。
왼손은 상대방의 뒷굼치를 잡아준다. 자신의 엉덩이는 상대방의 왼발보다 밖에 나오는 위치.

04 ▶ お尻を上げ左足を相手の左足裏から通し右の写真のようにフックさせ、同時に左手は再度相手の右足をつかむ。
엉덩이를 올려 왼발을 상대방의 왼쪽 허벅지에 걸고 오른쪽 사진처럼 훅을 걸며 왼손은 다시 상대방의 오른발을 잡는다.

05 ▶ 両足で相手を自分の右側に煽りながら、自分も相手についていき上下を入れ替え、スイープを完成させる。
두 다리로 상대방을 자신의 오른쪽으로 내려주며 자신도 상대방을 따라가 스위프를 한다.

Lasso Sweep from Spider Guard

スパイダーガードからラッソースイープへの変化　스파이더 가드에서 라쏘 스위프로 전환

Technique 046 Bottom Position

01 ▶ キックスパイダーの形から。
스파이더 가드 상태로 .

02 ▶ 相手が背中を伸ばしスパイダーガードを解除してきたら……。
상대방이 상체를 펴서 스파이더 가드를 패스하려고 오면 .

03 ▶ 左足を相手の右腕の外側から巻いて、ラッソーガードに変化する。
왼발을 상대방의 오른팔 바깥쪽에서 안으로 감는 라쏘 가드로 전환한다 .

04 ▶ 左膝を曲げ相手の体が前に崩れるよう煽りながら、右手で相手の左足をすくって、右膝に相手の体が乗ったら……。
왼쪽 무릎을 밖으로 벌려 상대방을 앞으로 당기면서 오른손으로 상대방의 왼쪽 다리를 감고 , 오른쪽 무릎이 상대방의 다리 사이로 들어가면 ,

05 ▶ 足を巻いている腕側に相手が倒れるよう左足をさらに左側に煽り、同時に右手で相手の左足をすくい上げていく。
왼팔 쪽으로 상대방이 쓰러지도록 왼쪽 다리를 더 왼쪽으로 벌려줄 때 , 오른손으로 상대방의 왼발을 들어 올린다 .

06 ▶ 上下が入れ替わったらサイドポジションを奪い、スイープを完成させる。
위아래가 바뀌면 사이드 포지션을 점유해 스위프를 완성한다 .

Technique 047 Bottom Position
X Guard Sweep from Spider Guard
スパイダーガードからXガードスイープへの変化　스파이더 가드에서 X 가드 스위프로의 전환

01 ▸ キックスパイダーの形から。
스파이더 가드의 상태로.

02 ▸ 相手の左腕に当てている右足で相手を前に崩しながら、左手で相手の右足をすくいにいく。
상대방의 왼팔을 밟고 있던 오른발로 상대방의 균형을 무너뜨리며, 왼손으로 상대방의 오른발을 파고 들어간다.

03 ▸ 相手の右足をすくった左手で足を抱え、左足は相手の左もも、右足は左膝裏にフックさせる。
상대방의 오른발을 잡은 왼손으로 다리를 감고 왼쪽 다리는 상대방의 왼쪽 골반, 오른쪽 다리는 왼쪽 무릎 오금에 훅을 건다.

04 ▸ ここから右足で相手の左足を蹴ってテクニカルスタンドアップで立ち上がり……。
오른발로 상대방의 왼쪽 다리를 차며 엉덩이를 뒤로 빼며 일어난다.

05 ▸ 相手の右足を自分側に引き寄せ上下を入れ替え、スイープを完成させる。
상대방의 오른발을 자기 쪽으로 끌어당기며 상하를 교체하여 스위프를 한다.

Triangle Choke from Spider Guard

スパイダーガードからの三角絞め　스파이더 가드에서 트라이앵글 초크

Technique 048 Bottom Position

01 ▶ キックスパイダーの形から。
스파이더 가드의 상태에서.

02 ▶ 相手の右袖を左手で引きながら、左足で相手の腰を蹴る。右足は相手の右腕を蹴り相手の体が前に崩れ頭が下がったら……。
상대방의 우측 소매를 왼손으로 당기면서 왼발로 상대방의 골반을 민다. 오른발은 상대방의 왼팔을 계속 밀어주며 상대방의 몸이 앞으로 숙이게 만든다.

03 ▶ 相手の左腕に当てていた右足を蹴り上げ、三角絞めの形へ。相手の右手を流し、頭を両手で自分に引き寄せ三角絞めを極める。
상대방의 왼팔에 대고 있던 오른발을 차올려 트라이앵글을 시도한다. 상대방의 오른손을 당기며 머리를 양손으로 당기며 조른다.

Application キックする足を入れ替えれば反対側に三角絞めを仕掛けることもできる
밀어주는 다리를 교체하면서 반대쪽으로도 트라이앵글 초크를 할 수 있다.

01 上のテクニックを察知されたら、キックする足の左右を入れ替え……。
위의 기술을 시도하려고 할 때.

02 左足でキックし、上のテクニックとは逆の形で三角絞めを極める。
위의 기술과는 반대의 형태로 트라이앵글 초크를 시도할 수도 있다.

Triangle Choke from Open Guard

オープンガードからの三角絞め　오픈 가드에서 트라이앵글 초크로 전환

01 ▶ 右手で相手の右襟、左手で相手の右袖を持ち、左足を相手の右腰に当てたオープンガードの形から。
오른손으로 상대방의 오른쪽 목깃, 왼손은 상대방의 우측 소매를 잡고 왼발은 상대방의 오른쪽 골반을 밀고 있는 오픈 가드의 상태로.

02 ▶ 右手で右襟を引き、相手の頭を落としながら、右足で相手の肩口を蹴り……。
오른손은 목깃을 당기고 상대방의 머리를 숙이게 하여 오른발로 상대방의 어깨 위로 발을 올려.

03 ▶ 左手で相手の右手を対角線に流す。同時に蹴り上げた右足はL字に曲げさらに相手の頭を落としたら……。
왼손으로 상대방의 오른손을 대각선으로 당기며, 차올렸던 오른쪽 다리를 접어 상대방의 머리를 더욱 숙여주면,

04 ▶ 足を組んで三角絞めの形に、相手の頭を両手で引きつけ三角絞めを極める。
다리를 감아 양손으로 머리를 당겨주는 트라이앵글 초크를 시도한다.

Armbar from Open Guard ❶

オープンガードからのアームバー ❶ 오픈 가드에서 암바로 전환 ❶

Technique **050** Bottom Position

01 ▸ 両足裏を相手の左右の腰に当てたオープンガードの形から。右手で相手の右手首をつかみ、左手で相手の右肘裏を押さえる。
양발을 상대방의 골반에 받힌 오픈 가드의 상태로, 오른손으로 상대방의 오른쪽 손목을 잡고 왼손으로 상대방의 오른쪽 팔꿈치를 잡는다.

02 ▸ 右肘裏を押さえられている相手は手を抜けなくなるので、右手で相手の左手をコントロールし右足を内側に入れる。
상대방의 팔꿈치 뒤쪽이 잡혀 있는 오른팔을 떼지 못하도록 자신의 오른쪽 무릎을 상대방의 몸 안으로 넣어준다.

03 ▸ 両膝で相手の右腕を挟み、両手で相手の右手首をつかむ。
양 무릎으로 상대방의 오른 팔을 조여주고, 양손으로 상대방의 오른쪽 손목을 잡는다.

04 ▸ 膝を閉じながら、相手の右腕を左側にひねるように肘関節を極める。
무릎은 조여주며 상대방의 오른팔을 왼쪽으로 틀어지게 암바를 시도한다.

Technique
051
Bottom Position

Armbar from Open Guard ❷

オープンガードからのアームバー ❷ 오픈 가드의 암바 ❷

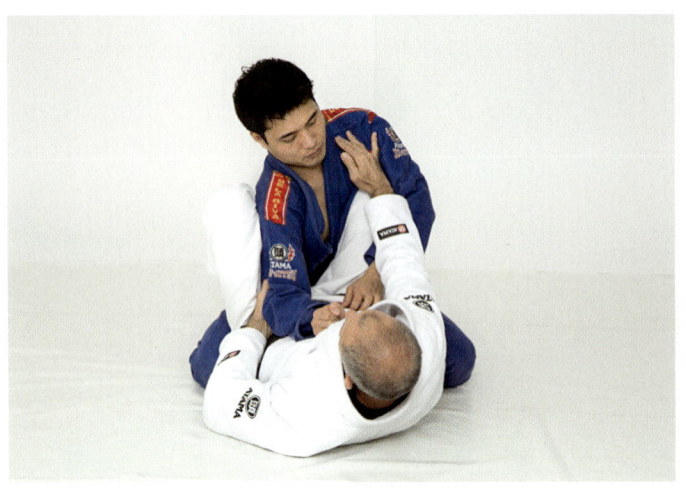

01 55ページ02の形から。
상대방의 팔꿈치 뒤쪽이 잡혀 있는 오른팔을 떼지 못하도록 자신의 오른쪽 무릎을 상대방의 몸 안으로 넣어준 상태로.

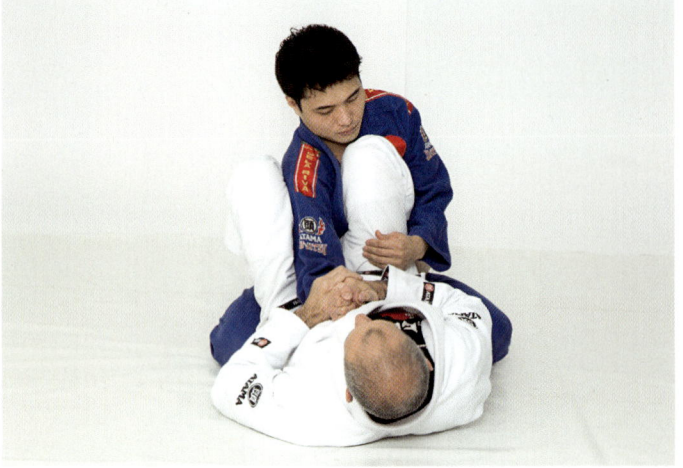

02 相手の右腕を両膝で挟みながら、両手で相手の右手を持ち……。
상대방의 오른팔을 양 무릎으로 조여주며 양손으로 상대방의 오른손을 잡아두고.

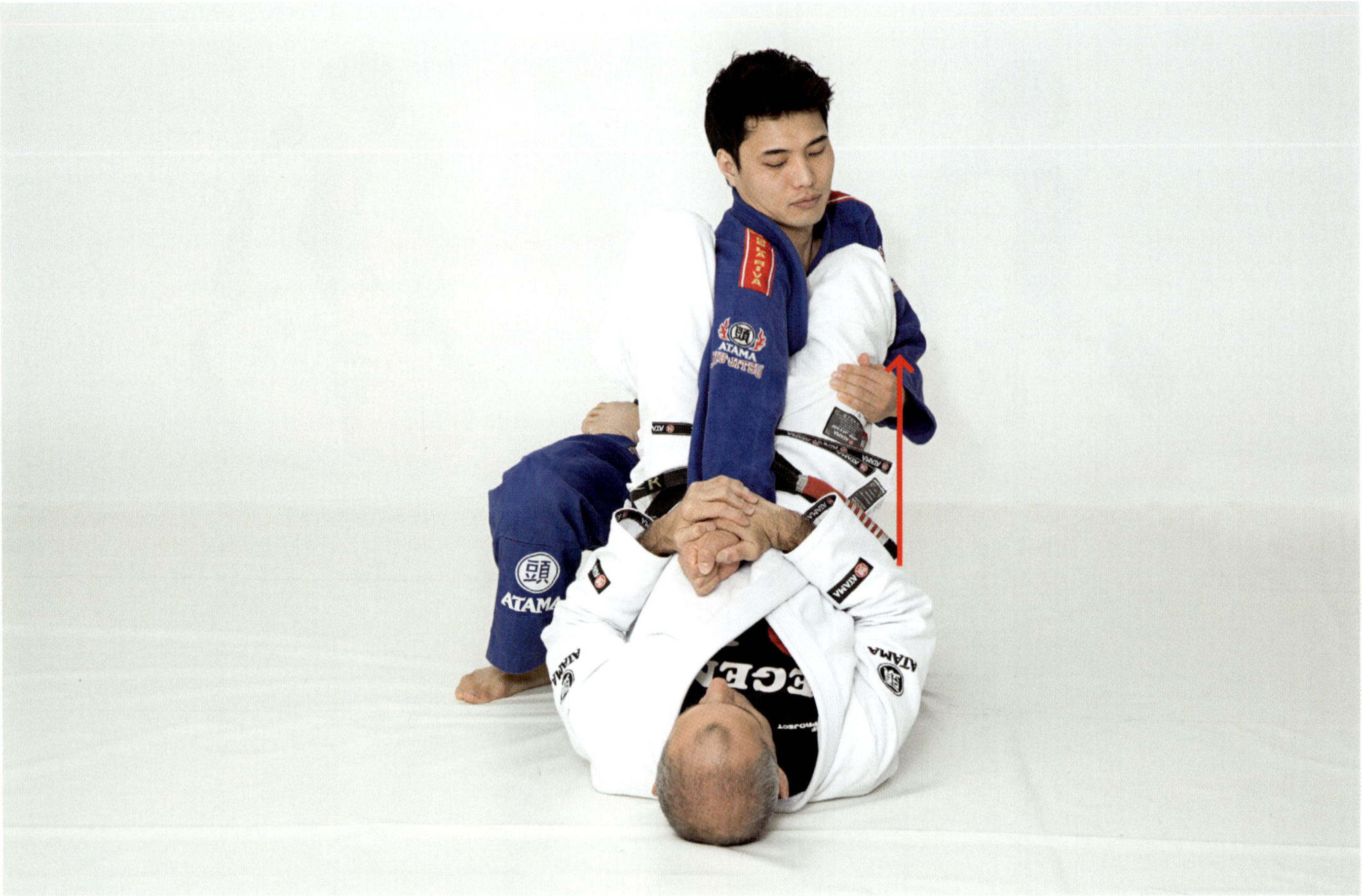

03 ブリッジをするようにお尻を上げ、自分の下腹部を突き出しアームバーを極める。
엉덩이를 들며 자신의 아랫배를 내밀어 암바를 시도한다.

Biceps Slicer from Open Guard

オープンガードからのバイセップススライサー　오픈 가드에서 바이셉 슬라이서

Technique 052 Bottom Position

01 ▶ 55ページ02の形から。
상대방의 팔꿈치 뒤쪽이 잡혀 있는 오른팔을 떼지 못하도록 자신의 오른쪽 무릎을 상대방의 몸 안으로 넣어준 상태로.

02 ▶ 相手の右肘を押さえたまま、右足で相手の腰骨を蹴ってエビをして、左側に移動する。
상대방의 오른쪽 팔꿈치를 잡고, 오른발로 상대방의 골반을 밀며 엉덩이를 빼서 왼쪽으로 이동한다.

03 ▶ 上体を起こして相手の右肘を持っていた左手を相手の右腕裏から通し、キムラグリップを作る。
상체를 일으켜 상대방의 오른쪽 팔꿈치를 잡고 있던 왼손을 상대방의 오른팔 뒤로 끼워 기무라 그립을 만든다.

04 ▶ さらに自分の左足をオモプラッタのように相手の右上腕部裏から通し……。
자신의 왼쪽 다리를 오모플라타처럼 상대방의 오른팔 뒤에서 앞으로 넘겨,

05 ▶ 足を三角に組み、グリップをキムラグリップからパームトゥパームに変える。腕を絞りながら足と挟むように上腕二頭筋を極める（IBJJFルールでは白帯〜紫帯までは反則）。
발을 트라이앵글초크 그립으로 건다. 왼손이 기무라 그립에서 손바닥끼리 맞잡고, 팔을 다리에 끼워 이두근을 조인다. (IBJJF 룰에서는 흰띠부터 보라띠까지는 반칙)

Technique 053 — Bottom Position
Omoplata from Open Guard ❶

オープンガードからのオモプラータ❶　오픈 가드에서 오모플라타 ❶

01 ▶ 56ページのアームバーを仕掛けようとした時、相手がこれを察知し、体をひねって防御してきたら。
상대방의 팔꿈치 뒤쪽이 잡혀 있는 오른팔을 떼지 못하도록 자신의 오른쪽 무릎을 상대방의 몸 안으로 넣어준 상태로, 상대방이 이를 감지하고 몸을 틀어 방어하면,

02 ▶ 両手で相手の腕を左側に流して……。
양손으로 상대방의 팔을 왼쪽으로 밀어주고,

03 ▶ 相手の脇の下から足を通してオモプラータを仕掛ける。
왼발을 상대방 겨드랑이 안에서 얼굴쪽으로 넘겨 오모플라타를 건다.

04 ▶ 右足でエビをしながら相手と平行の位置になるように移動し……。
오른발로 엉덩이를 빼면서 상대방과 평행의 위치가 되게 이동하고,

05 ▶ 相手の上体を制しながら、自分は起き上がり体を左にひねってオモプラータを極める。
자신은 일어나 상대방을 눌러주며, 몸을 어깨쪽으로 틀어 오모플라타를 시도한다.

Omoplata from Open Guard ❷

オープンガードからのオモプラータ ❷ 오픈 가드에서 오모플라타 ❷

01 ▶ 両袖を持ち、両足を相手の腰骨に当てたオープンガードから。
양쪽 소매를 잡고 두 발로 상대방의 골반을 밟은 상태 .

02 ▶ 左足を相手の右肩に当てる。
왼발을 상대방의 오른쪽 어깨에 받친다 .

03 ▶ 左足で相手を押し体を半身にさせたら、右足でオモプラッタを仕掛ける。その際左手で相手の肘を流し補助する。
왼발로 상대방을 밀어 몸이 틀어지면 , 오른발로 오모프라타를 시도한다 . 이 때 , 왼손으로 상대방의 팔꿈치를 앞으로 당겨준다 .

04 ▶ 左腕にかけている足で相手の上体を落としながら、自分は相手の体と平行の位置に移動。
오른발로 상대방의 어깨를 누르며 자신은 상대방과 평행한 위치로 이동 .

05 ▶ 相手の上体を制しながら、自分は起き上がり体を右にひねってオモプラッタを極める。
자신은 일어나 상대방을 눌러주며 , 몸을 어깨쪽으로 틀어 오모프라타를 시도한다 .

Technique 055 Bottom Position

Omoplata from Open Guard ③

オープンガードからのオモプラータ ❸　오픈 가드에서 오모플라타 ❸

01 ▶ 両袖を持ち、両足を相手の腰骨に当てたオープンガードから。
양쪽 소매를 잡고 두 발로 상대방의 골반을 밟은 상태 .

02 ▶ 左足を相手の右腕に巻いたラッソーガードに変え……。
왼발로 상대방의 오른팔을 라쏘 가드로 감싼다 .

03 ▶ 右手を袖から外し、相手の右肘を手前に引き出しながら……。
오른손을 놓고 상대방의 오른쪽 팔꿈치를 앞으로 끌어당긴다 .

04 ▶ 相手の右腕にオモプラッタを仕掛ける。
상대방의 오른팔에 오모플라타를 건다 .

05 ▶ 相手の右腕にかけている足で相手の上体を落としながら、自分は相手の体と平行の位置に移動。
왼발로 상대방의 어깨를 누르며 자신은 상대방과 평행한 위치로 이동 .

06 ▶ 上体を制しながら、自分は起き上がり体を左にひねってオモプラッタを極める。
자신은 일어나 상대방을 눌러주며 , 몸을 어깨쪽으로 틀어 오모플라타를 시도 .

Sweep from Open Guard ❶

オープンガードからのスイープ ❶　오픈 가드에서 스위프 ❶

Technique
056
Bottom Position

01▶ 55ページ02の形から。
상대방의 팔꿈치 뒤쪽이 잡혀 있는 오른팔을 떼지 못하도록 자신의 오른쪽 무릎을 상대방의 몸 안으로 넣어준다.

02▶ 右足で相手の腰骨を蹴って相手と距離を取り、左側に移動する。
오른발로 상대방 골반을 밀어주며 상대방과 거리를 벌린 후 왼쪽으로 이동한다.

03▶ 上体を起こして、右手で相手の右手を流し……。
상체를 일으키면서 오른손으로 상대방의 오른손을 밀어준다.

04▶ 左手を相手の右腕から差し込み、キムラグリップを作る。
왼손을 상대방의 오른팔에 넣어 기무라 그립을 만든다.

05▶ 足を外に出し頭を潜り込ませながらアームロック（キムラ）を極めにいく。
내 머리를 상대방의 몸쪽으로 넣으며 기무라를 시도한다.

06▶ 相手はアームロック（キムラ）から逃れるため前転するので、自分も右に回転し上をとる。そのままアームロック（キムラ）を極めることもできる。
상대방은 기무라에서 벗어나기 위해 앞구르기를 할 때, 자신도 오른쪽으로 회전하여 상위 포지션을 점유하며 기무라를 할 수 있다.

Sweep from Open Guard ❷

オープンガードからのスイープ❷　오픈 가드에서 스위프 ❷

01▶ 右手を相手の右襟奥、左手で相手の右肘を持ったオープンガードから。
오른손을 상대방의 오른쪽 목깃, 왼손으로 상대방의 오른쪽 팔꿈치를 잡은 오픈 가드.

02▶ 右脛を相手の左脇腹に当て……。
오른쪽 무릎을 상대방 왼쪽 골반쪽으로 넣어준다.

03▶ 右手で相手の襟を引き、足で相手の体をハサミのように挟んで倒す。
상대방의 목깃을 당겨주며, 가위차기를 하듯이 오른발로 상대방을 밀어 넘어뜨린다.

04▶ 上下が入れ替わったら、マウントをキープする。
상대방의 위로 올라가 마운트 포지션을 점유한다.

Sweep from Open Guard ③

オープンガードからのスイープ ③　오픈 가드에서 스위프 ③

Technique 058 Bottom Position

01 ▶ 右手は相手の左肘、左手は相手の膝をつかんだオープンガードから。
오른손은 상대방 팔꿈치, 왼손은 상대방의 무릎을 잡은 오픈 가드.

02 ▶ 右膝を相手の左脇下、左足を相手の右腰骨あたりに当てる。
오른 무릎을 상대방 겨드랑이에, 왼발은 상대방의 골반을 밟는다.

03 ▶ 右膝を上げ、相手を前方に崩し重心が高い位置になったら。
무릎을 벌리며 상대방의 균형을 무너뜨리면,

04 ▶ 右膝で相手を右側に煽り、左手で相手の膝を持ち上げ……。
오른 무릎으로 상대방을 오른쪽으로 밀어주고 왼손으로 상대방의 무릎을 들어올린다.

05 ▶ 両手でハンドルを大きく右側に切るようにして相手を右側に倒し、自分も起き上がっていきスイープを完成させる。
양손으로 크게 원을 그리듯 오른쪽으로 돌려주고 상대방을 넘기며 스위프를 한다.

Sweep from Open Guard ❹

オープンガードからのスイープ❹ 오픈 가드에서 스위프 ❹

01 ▶ 63ページ03の形から。
무릎을 벌리며 상대방의 균형을 무너뜨리면,

02 ▶ 右手で相手の左手を対角線に流し、右足の煽りを使い起き上がる。
오른손으로 상대방의 왼손을 대각선으로 당기며, 오른발 반동으로 일어난다.

03 ▶ 左手をマットに付き相手の背後に回る。
왼손은 매트를 짚고 상대방의 등으로 올라간다.

04 ▶ もし相手が亀の体制のままだったら鼠蹊部に両足をフックしてバックも奪える。
만일 상대방이 엎드린 상태라면, 허벅지에 두 다리를 걸어 백마운트를 점유한다.

Sweep from Open Guard ❺

オープンガードからのスイープ ❺　오픈 가드에서 스위프 ❺

Technique **060** Bottom Position

01 ▶ 右手で相手の右袖、左手で相手の左膝を持ち、右足を腰骨に当てたオープンガードの形から。
오른손은 상대방 오른쪽 소매, 왼손은 상대방 무릎을 잡고 왼발로 골반을 밟은 오픈 가드의 형태.

02 ▶ 右足を外側に出し、エビをして相手と距離を取る。
오른발은 바닥을 짚고 엉덩이를 빼서 상대방과 거리를 둔다.

03 ▶ 右足を大きく回し相手の肘に足の裏を当て……。
오른발을 크게 돌려 상대방의 팔꿈치를 발바닥으로 밟아주며,

04 ▶ 右足を矢印の方向に押し込み相手を倒す。
오른발을 화살표 방향으로 밀어 상대방을 쓰러뜨린다.

05 ▶ そのまま自分も起き上がり、スイープを完成させる。
그대로 자신도 일어나서 스위프를 완성한다.

Technique 061
Bottom Position

Sweep from Open Guard ❻

オープンガードからのスイープ ❻　오픈 가드에서 스위프 ❻

01 ▸ 65 ページ 01 の形から。
오른손은 상대방 오른쪽 소매, 왼손은 상대방 무릎을 잡고 왼발로 골반을 밟은 오픈 가드의 형태.

02 ▸ 相手と少し距離を取り、右足を相手の左肩に当て、右手を引いて相手を半身にさせる。
상대방과 거리를 두고 오른발은 상대방의 왼쪽 어깨를 밟고 오른손은 당기며, 상대방의 상체를 기울인다.

03 ▸ 右足で左肩を蹴ったら相手の右上腕部をまたいで、右肩に座り込むように上になる。
오른발을 상대방 오른쪽 어깨 위로 넘김과 동시에 어깨를 밀어주며, 오른팔 위로 올라온다.

04 ▸ 上下が入れ替わったら、相手の右膝を持っていた手を離し向かい合って押さえ込む。
위아래가 바뀌면 상대방의 무릎을 잡고 있던 손을 떼며 상대방을 마주보고 누른다.

66 | De La Riva Jiu-Jitsu

Omoplata from Technique 061

テクニック061からオモプラッタ　61번 테크닉에서 오모플라타 바로 전환

Technique
062
Bottom Position

01▶ 65ページ02の形から。
오른발은 바닥을 짚고 엉덩이를 빼서 상대방과 거리를 둔다..

02▶ 相手の左肩を蹴り、左側に少し移動したら左足を相手の右上腕部裏から通しオモプラッタを仕掛ける。
상대방의 왼쪽 어깨를 밀며, 오른쪽으로 이동하며 왼발을 상대방의 오른쪽 어깨 위에 오모플라타를 건다.

03▶ 膝をつかんだ左手を使って相手と平行になる位置まで移動したら、左手を膝から離し起き上がる。体を左側にひねりオモプラッタを極める。
상대방과 평행의 위치가 되게 이동하고 왼손을 무릎에서 뗀 후, 몸을 상대방의 상체쪽으로 틀어 오모플라타를 시도한다.

Sweep from Open Guard ❼

オープンガードからのスイープ ❼　오픈 가드에서 스위프 ❼

01▶ 65 ページ 02 の形から。
오른발은 바닥을 짚고 엉덩이를 빼서 상대방과 거리를 둔다.

02▶ 相手の右上腕部下に左足裏を当て、右足でエビをして左斜め後方に移動しながら……。
상대방의 오른쪽 겨드랑이에 왼쪽 발바닥을 대고, 오른발로 엉덩이를 틀어 왼쪽 뒤로 비스듬히 이동한다.

03▶ 左足で相手の脇を蹴り、膝を持った左手も使って相手を前転させるように倒す。
왼발로 상대방의 겨드랑이를 밀며 오른 무릎을 잡은 왼손도 들어 상대방을 넘긴다.

04▶ 上下が入れ替わったら、腰を切ってサイドポジション（後ろ袈裟固め）で押さえ込む。
위아래가 바뀌면 골반과 골반을 붙여 상대방의 다리를 보는 사이드 포지션을 점유한다.

Sweep from Open Guard ❽

オープンガードからのスイープ ❽　　오픈 가드에서 스위프 ❽

Technique
064
Bottom Position

01 ▶ 立った相手の右襟を右手、左袖を左手で持ち、両足を腰骨に当てたオープンガードから。
서 있는 상대방의 오른쪽 목깃을 오른손으로, 오른손은 왼손으로 잡고, 두 다리를 골반에 붙인 오픈 가드에서

02 ▶ 左手を右足首に持ち替え、右足首を相手の左膝裏にフックしたら、左手を引きながら左足で相手の腰を蹴る。
왼손을 오른쪽 발목으로 옮겨 잡고, 오른쪽 발목을 상대방의 왼쪽 뒷무릎에 훅을 걸고, 왼쪽 손을 당기며 왼발로 상대방의 골반을 밀어준다.

03 ▶ 相手が尻餅ついたら相手の袖、足首をキープしたままテクニカルスタンドアップの要領で左足を抜き、上になってスイープを完成させる。
상대방의 엉덩이가 땅에 닿으면 상대방의 소매, 발목은 잡은 채 뒤로 엉덩이를 빼며 오른쪽 다리를 세우고 위로 올라와 스위프를 완성한다.

Sweep from Open Guard ❾

オープンガードからのスイープ❾　오픈 가드에서 스위프 ❾

01 ▶ 69ページ 01 の形から。
서 있는 상대방의 오른쪽 목깃을 오른손으로, 오른손은 왼손으로 잡고, 두 다리를 골반에 붙인 오픈 가드에서.

02 ▶ 右足首を相手の左膝裏にフックして、右手を相手の左足首に持ち替える。
오른쪽 발목을 상대방의 왼쪽 뒷무릎에 훅을 걸고 오른손을 상대방의 왼쪽 발목으로 옮겨 잡는다.

03 ▶ 右足を相手の左膝裏から相手の右足首に引っ掛け、左足を蹴って相手を倒したら、テクニカルスタンドアップの要領で左足を抜き、上になってスイープを完成させる。
오른발을 상대방의 왼쪽 뒷무릎부터 상대방의 오른쪽 발목에 건다. 왼발로 상대방의 골반을 밀며, 엉덩이를 빼며 뒤로 일어나 왼쪽 다리를 꿇으며 스위프를 완성한다.

Sweep from Open Guard ⑩

オープンガードからのスイープ ⑩　오픈 가드에서 스위프 ⑩

01 ▶ 69ページ 02 の形から。
서 있는 상대방의 오른쪽 목깃을 오른손으로, 오른손은 왼손으로 잡고, 두 다리를 골반에 붙인 오픈 가드에서,

02 ▶ 左足も相手の左膝にフックする。
양발을 상대방의 뒷무릎에 훅을 걸고,

03 ▶ 襟と袖を掴んでいた手を離し、両足首に持ち替えたら、両手を引いて相手を倒す。
옷깃과 소매를 잡았던 손을 떼며 두 발목으로 옮겨 잡으며 양손을 당겨 상대방을 넘어뜨린다.

04 ▶ 相手が尻餅をついたら、テクニカルスタンドアップの要領で左足を抜き、上になってスイープを完成させる。
상대방의 엉덩이가 땅에 닿으면, 오른쪽 다리를 세우고 스위프를 완성한다.

Sweep from Open Guard ⑪

オープンガードからのスイープ ⑪　오픈 가드에서 스위프 ⑪

01 ▶ 69ページ 01 の形から。
서 있는 상대방의 오른쪽 목깃을 오른손으로, 오른손은 왼손으로 잡고,
두 다리를 골반에 붙인 오픈 가드에서,

02 ▶ 襟を掴んだ右手で相手の上体を引き寄せる。
목깃을 잡은 오른손으로 상대방의 상체를 끌어당긴다.

03 ▶ 相手の重心が上がり自分の両足に体重が乗ったら、両足を伸ばし相手を後方に投げる。同時に自分も後転して相手についていく。
상대방의 중심이 자신의 다리로 체중이 실리면 두 다리를 뻗어 상대방을 후방으로 던진다. 동시에 자신도 상대방을 따라가며 구른다.

04 ▶ そのままマウントをキープしてスイープを完成させる。
그대로 마운트를 점유하며 스위프를 완성한다.

Sweep from Open Guard ⑫

オープンガードからのスイープ ⑫   오픈 가드에서 스위프 ⑫

Technique
068
Bottom Position

01▶ 立った相手の両袖を持ったオープンガードの形から。
서 있는 상대방의 양손을 잡은 오픈 가드의 형태.

02▶ 両手を袖から相手の両足首に持ち替える。
소매를 잡던 두 손을 놓고 상대방의 두 발목으로 옮겨 잡은 후.

03▶ 腰に当てていた足を外して相手の胴を挟み、両手で相手の両足を引きながら、胴を挟んだ足で相手を押し込むように倒したら……。
골반을 밟던 발을 빼며 상대방의 허벅지를 밀면서 양손을 당겨 상대방을 쓰러뜨린다.

04▶ 両足は持ったまま、テクニカルスタンドアップの要領で左足を抜き、上になってスイープを完成させる。
다리는 든 채 엉덩이를 뒤로 빼내 오른쪽 다리를 세우고 스위프를 완성한다.

Technique 069 Bottom Position

Sweep from De La Riva Guard ①

デラヒーバガードからのスイープ ① 데라히바 가드에서 스위프 ①

01▶ 相手の足の外側から自分の足を入れる、デラヒーバガードの形から。
상대방의 다리 밖에서 자신의 발을 넣은 데라히바 가드의 형태.

02▶ 右手で相手の右襟、左手で右袖をつかむ。
오른손으로 상대방 오른쪽 목깃, 왼손으로 오른쪽 소매를 잡는다.

03▶ 右足でエビをして相手と少し距離を取ったら……。
오른발로 엉덩이를 빼고 상대방과 거리를 둔다.

04▶ 袖をつかんでいた方の手を離し、自分の体より後ろ側に置く。
소매를 붙들고 있던 왼손을 놓고 자신의 몸보다 뒤쪽에 둔다.

05▶ テクニカルスタンドアップの要領でフックしていた左足を後方に引き、襟をつかんでいる右手で相手を押し込んで立ち上がる。
엉덩이를 뒤로 빼며 훅을 걸고 있던 왼발을 뒤로 끌어 목깃을 잡고 있던 오른손으로 상대방을 밀며 일어선다.

06▶ 立ち上がる時は相手のかかとへのフックは外さず、また相手の右手の袖をつかんで引きつけ立ち上がる。そうしないと相手に再び上になるチャンスを与えてしまうからだ。
일어설 때, 상대방의 뒤꿈치를 내 발목으로 끌어주며, 상대방의 오른손 소매를 당겨 상대방이 일어날 수 없게 한다.

Sweep from De La Riva Guard ❷

デラヒーバガードからのスイープ ❷ 　 데라히바 가드에서 스위프 ❷

Technique 070 — Bottom Position

01 ▸ 右手で相手の右襟、左手で相手の右袖を持ったデラヒーバガードから。
오른손은 상대방 오른쪽 목깃, 왼손은 상대방의 오른쪽 소매를 잡은 데라히바 가드.

02 ▸ フックしている左足を相手の対角線の腰あたりまで深く入れる。この時自分の足の甲が相手の腰骨に沿うように当てる。
훅을 건 왼발을 상대방의 대각선의 골반까지 깊숙이 넣는다. 이 때, 자신의 발등을 상대방의 골반 뼈에 붙인다.

03 ▸ 両手で相手の右袖を引っ張り、左足を蹴り相手を倒す。
오른손을 놓고 양손으로 상대방의 오른쪽 소매를 잡아당기며, 왼발을 차서 상대방을 넘어뜨린다.

04 ▸ 相手を倒したらすぐにフックをしていた足を抜き、右手で相手の右足を制する。こうすることで相手のエビを防ぐことができる。
상대방이 넘어지면 훅을 걸던 발을 빼내고 오른손으로 상대방 오른발을 잡아 상대방을 제압한다.

05 ▸ サイドポジションで押さえ込む。
사이드 포지션을 점유한다.

Technique 071 — Bottom Position

Sweep from De La Riva Guard ③

デラヒーバガードからのスイープ ③　데라히바 가드에서 스위프 ③

01 ▶ 相手の両袖を持ったデラヒーバガードの形から。
상대방의 양손을 잡은 데라히바 가드 형태 .

02 ▶ 両手で相手の右袖を持ち、フックしている足を相手の右腰に沿うように当て、左足は相手の右膝に当てる。
양손으로 상대방의 우측 소매를 잡고 훅을 걸고 있는 발을 상대방의 골반에 받치고 , 왼쪽 다리는 상대방의 무릎에 댄다 .

03 ▶ 左足で相手の右膝を蹴り倒したら、テクニカルスタンドアップの要領で左足を抜き上になる。
왼발로 상대방의 무릎을 밀고 엉덩이를 뒤로 빼며 일어선다 .

04 ▶ 相手の右袖を左手で引きながら、右手は相手の左襟に持ち替えプレッシャーを与えながら、右足を抜いてサイドポジションで押さえ込む。
상대방의 오른쪽 소매를 왼손으로 당기며 오른손은 상대방의 왼쪽 목깃을 땅쪽으로 밀어주며 오른발은 건너와 사이드 포지션으로 전환한다 .

Sweep from De La Riva Guard ❹

デラヒーバガードからのスイープ ❹　　데라히바 가드에서 스위프 ❹

Technique 072 Bottom Position

01 ▶ 右手で相手の右襟、左手で相手の右袖を持ったデラヒーバガードから。
오른손은 상대방의 오른쪽 목깃, 왼손은 상대방의 오른쪽 소매를 잡은 데라히바 가드.

02 ▶ 左手を相手の右膝に持ち替える。
왼손은 상대방의 무릎 바깥쪽을 잡는다.

03 ▶ フックしている足を深く入れ、相手の左腿に沿うように当てたら。
훅을 걸고 있는 발을 깊숙이 넣고 상대방의 왼쪽 골반에 붙여준다.

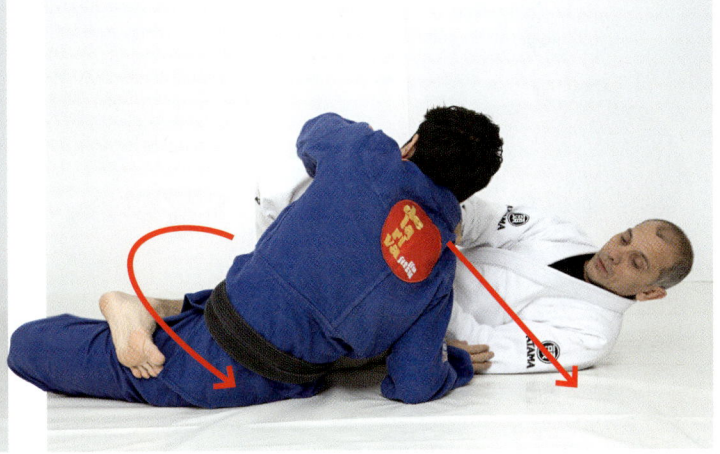

04 ▶ フックしている足と両手を使い、相手を倒す。
훅을 걸고 있는 발은 밀어주고 손을 당겨 상대방을 쓰러뜨린다.

05 ▶ 自分も起き上がり、上になってスイープを完成させる。
자신도 일어나 스위프를 완성한다.

Technique 073 Bottom Position
Sweep from De La Riva Guard ❺

デラヒーバガードからのスイープ ❺ 　 데라히바 가드에서 스위프 ❺

01▶ 右手で相手の右袖をつかみ、左手は相手の右踵を持ったデラヒーバガードの形から。
오른손은 상대방 오른쪽 소매를 잡고 왼손은 상대방 오른쪽 발목을 잡은 데라히바 가드.

02▶ フックした左足を伸ばし、相手と距離をとる。
훅을 걸고 있는 왼발을 펴서 상대방과 거리를 둔다.

03▶ 伸ばした相手の右腕をまたぐように、右足を相手の肩に当て……。
상대방의 오른팔을 당기며 땅을 짚은 오른발로 상대방의 어깨를 밟아준다.

04▶ 相手の右肩を右足で押し込み、上体を崩したら……。
상대방의 오른쪽 어깨를 오른발로 밟아 상체를 무너뜨리면.

05▶ フックした足を解除して、右足で相手の右腕をまたぐ。
훅을 걸고 있던 다리를 빼내고 오른발로 상대방의 오른팔 위로 넘겨준다.

06▶ 右腕をまたぎきったら、自分の臀部で相手の右肩に座り込む。上下が入れ替わったら相手に向かい押さえ込む。
오른팔을 넘어가 상대방의 오른쪽 어깨에 엉덩이로 주저앉는다. 위아래가 바뀌면 골반을 압박하며 사이드 포지션을 점유한다.

Armbar from Tecnique 073

テクニック073からのアームバー　73번 테크닉에서 암바로 전환

Technique 074 Bottom Position

01 ▶ 78ページ03の形から。
상대방의 오른팔을 당기며 땅을 짚은 오른발로 상대방의 어깨를 밟아준 상태.

02 ▶ 相手の右腕をまたいだ右足を脇の下から胸の前を通し、相手の左脇腹に足首をフックする。
오른발을 상대방의 겨드랑이 안으로 넣어 상대 가슴 위치까지 집어넣고 왼발로 상대방의 골반을 밀어준다.

03 ▶ 右足を伸ばし、左足を上げて相手の上体を前に崩したら……。
오른쪽 무릎은 펴주고 왼발을 틀어서 위로 차주면 상대방의 상체가 숙이게 된다.

04 ▶ 相手の右足にフックしていた左足を外から出して……。
상대방의 오른쪽에 훅 걸고 있던 왼발을 밖으로 꺼내고.

05 ▶ 右足と左手を使い、相手を前転させる。
오른발은 밀고, 왼손은 발목을 당겨 상대방을 넘어뜨린다.

06 ▶ 相手の右踵を持ったままの左手で足をさばいて、腕十字を極める。
상대방의 오른쪽 발 뒤꿈치를 올려준 후 상대방의 오른손을 당기며 상대방의 목에 양발을 걸어 암바를 시도한다.

Technique 075 — Bottom Position
Taking the Back from Tecnique 073

テクニック 073 からバックを奪う　　73번 테크닉에서 백테이킹

01 ▶ 78 ページ 03 の形から。
상대방의 오른팔을 당기며 땅을 짚은 오른발로 상대방의 어깨를 밟아준 상태 ,

02 ▶ 右足で相手の右ひじあたりから腕をまたぎ、相手の右腿裏に右足首をフックする。
오른발로 상대방의 팔꿈치 근처에서 발을 넘긴 후 , 상대방의 오른쪽 무릎 뒤로 훅을 건다 .

03 ▶ 左手を相手の右踵から離し、帯の後ろ側に持ち替え相手の背後についたら……。
상대방의 오른쪽 발목을 잡은 왼손은 놓고 , 벨트를 잡고 올라가 상대방의 등을 점유한다 .

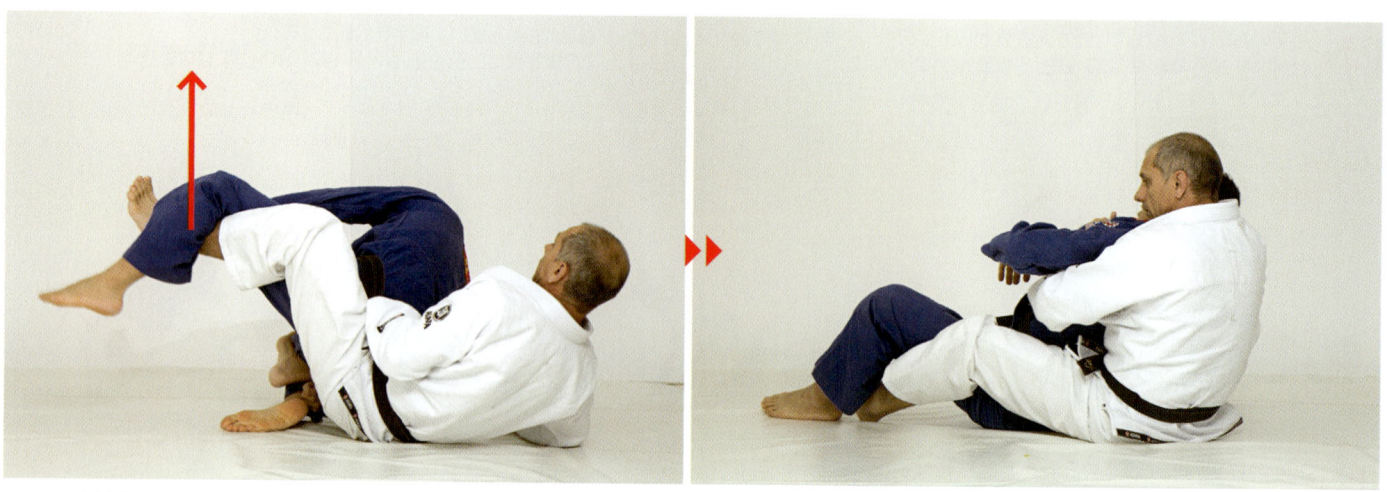

04 ▶ 左膝裏にフックしている左足で相手を浮かせてバックを奪う。
왼쪽 뒷무릎에 훅 하고 있는 왼발로 상대방을 띄워 등을 빼앗는다 .

Sweep from De La Riva Guard ❻

デラヒーバガードからのスイープ ❻　　데라히바 가드에서 스위프 ❻

Technique 076
Bottom Position

01 ▸ 相手の両袖を持ったデラヒーバガードから。
상대방의 양손을 잡은 데라히바 가드 형태.

02 ▸ ラッソーガードをとるように、相手の左手を右足で巻く。
랏쏘 가드를 위해 상대방의 왼손을 오른발로 감는다.

03 ▸ そのまま右足を深く入れて、デラヒーバガードをとっている左足首の下まで差し込む。
그대로 오른발을 깊숙이 넣고, 데라히바 가드를 한 후 왼쪽 자신의 발목 아래까지 넣는다.

04 ▸ 左手で相手の右手を引き出しながら、両足で相手の右腿裏を跳ね上げ……。
왼손으로 상대방의 오른손을 당겨주며 두 다리로 상대방의 오른쪽 허벅지를 위로 차준다.

05 ▸ 上下を入れ替えたら、サイドポジションで押さえ込む。
상하가 뒤바뀌면 사이드 포지션으로 전환한다.

Technique 077 — Sweep from De La Riva Guard ❼

デラヒーバガードからのスイープ ❼　　데라히바 가드에서 스위프 ❼

01 ▶ 81ページ02の形から。
랏쏘 가드를 위해 상대방의 왼손을 오른발로 감은 상태.

02 ▶ 相手の左足を巻いた右足を、相手の左腿裏まで入れる。
랏쏘 가드 상태에서 오른쪽 다리를 상대방의 왼쪽 허벅지까지 넣어준다.

03 ▶ 左腿裏にフックした右足を大きく振り上げ、相手を左側に倒す。
허벅지에 훅을 걸었던 오른발을 크게 차주며 상대방을 왼쪽으로 넘어뜨린다.

04 ▶ 上下を入れ替えたら、フックしていた右足を抜きマウントポジションを奪う。
상하가 바뀌면 훅을 걸고 있던 오른발을 빼며 마운트 포지션을 점유한다.

Sweep from De La Riva Guard ❽

デラヒーバガードからのスイープ ❽   데라히바 가드에서 스위프 ❽

Technique
078
Bottom Position

01▶ 両袖持ちのデラヒーバガードの形から、右足で相手の左上腕をキックする。
양손을 잡은 데라히바 가드의 형태에서 오른쪽 발로 상대방의 왼쪽 팔꿈치를 밀어준다.

02▶ 右足で相手を右側に煽りながら、左足を相手の右腿裏にフックする。
오른발로 상대방의 팔을 밀어주며, 왼발은 상대방의 오른쪽 허벅지 뒤에 훅을 건다.

03▶ 相手の上体が崩れたら、左足をさらに深く差し込み、相手の左腿にフックする。
상대방의 상체가 무너지면, 왼발을 더 깊이 넣어 상대방의 왼쪽 골반에 붙여준다.

04▶ 左足を上げ、右足で相手の左膝を刈り相手を倒したら……。
왼발은 접어 상대방의 무릎 위를 누르며, 오른발은 뒤로 빼내어 상대방을 쓰러뜨린다.

05▶ 左足を抜きながら、相手の右膝に左膝を乗せ腰を切りサイドポジションで押さえ込む。
왼발을 눌러주며 상대방의 무릎에 무릎을 올려 미끄러지듯 사이드 포지션으로 전환한다.

Technique 079 — Bottom Position
Sweep from De La Riva Guard ❾

デラヒーバガードからのスイープ ❾   데라히바 가드에서 스위프 ❾

01 ▶ 83ページ 01 の形から。
양손을 잡은 데라히바 가드의 형태에서 오른쪽 발로 상대방의 왼쪽 팔꿈치를 밀어준 상태.

02 ▶ 一度相手を右側に煽る。
오른발로 상대방을 오른쪽으로 기울여준다.

03 ▶ 相手が倒れないように重心を左側に戻そうとした時に左肩をキックした足を使い相手を倒し、自分は上になる。
상대방이 쓰러지지 않으려고 중심을 왼쪽으로 이동할 때, 왼쪽 팔꿈치를 밟은 발을 사용하여 상대방을 쓰러뜨리고.

04 ▶ マウントを奪いスイープを完成させる。
마운트를 점유하며 스위프를 완성한다.

Sweep from De La Riva Guard ⑩

デラヒーバガードからのスイープ ⑩　　데라히바 가드에서 스위프 ⑩

01 ▶ 立った相手に対して両袖を持ったデラヒーバガードの形から。
서 있는 상대방의 양손을 잡은 데라히바 가드 형태 .

02 ▶ シッティングガードに移行して右手を袖から離し、相手の膝裏を通して右袖に持ち替える。
싯팅가드로 전환하여 오른손을 상대방의 뒷무릎을 통과해 상대방의 오른쪽 소매를 옮겨 잡는다 .

03 ▶ 左手を自分の後ろに置いたら、左足で相手の右足を刈るように足を引き、テクニカルスタンドアップの要領で相手を倒す。
왼손을 엉덩이 옆 땅을 짚고 왼발로 상대방의 오른발을 쓸 듯이 당기고 , 엉덩이를 뒤로 빼내 상대방을 쓰러뜨린다 .

04 ▶ 上下を入れ替え、サイドポジションを奪いスイープを完成させる。
사이드 포지션을 점유하며 스위프를 완성한다 .

Technique 081 — Bottom Position
Sweep from De La Riva Guard ⑪

デラヒーバガードからのスイープ ⑪　　데라히바 가드에서 스위프 ⑪

01 ▶ 立った相手に対して両袖を持ったデラヒーバガードの形から。
서 있는 상대방의 양손을 잡은 데라히바 가드의 형태 .

02 ▶ 右手も相手の右袖に持ち替える。
오른손도 상대방의 오른쪽 소매로 옮겨잡아 ,

03 ▶ シッティングガードに移行し、右手で相手の右袖を股下に押し込んだら、膝裏から通した左手で相手の右袖をつかむ。
싯팅가드로 전환하고 왼손은 무릎 뒤로 넣어 상대방의 오른쪽 소매를 잡아 오금에 끼우고 오른손으로 상대방의 오른팔 소매를 잡는다 .

04 ▶ 股下に潜りながら左に回転すれば、相手は右袖を持たれているので、スイープを防御することができない。上下が入れ替わったらサイドポジションで押さえ込む。
상대방의 다리 사이로 파고들면서 왼쪽으로 회전하면 상대방은 우측 소매가 잡혀 있어 스위프를 방어할 수 없다 . 위아래가 바뀌면 사이드 포지션으로 전환한다 .

Sweep from De La Riva Guard ⑫

デラヒーバガードからのスイープ ⑫　　데라히바 가드에서 스위프 ⑫

Technique 082 — Bottom Position

01 ▸ 立った相手に対して両袖を持ったデラヒーバガードの形から。
서 있는 상대방의 양손을 잡은 데라히바 가드의 형태 .

02 ▸ 右足を相手の左膝に当て、矢印方向に押し込む。
오른발을 상대방의 무릎에 대고 화살표 방향으로 밀어준다 .

03 ▸ シッティングガードに移行し、左手は相手の膝裏から通して、右手でつかんでいた相手の左袖をつかむ。
싯팅가드로 전환하고 왼손은 무릎 뒤로 넣어 상대방 왼쪽 소매를 잡고 , 오른손은 상대방의 왼손을 잡는다 .

04 ▸ 右手は相手の左袖から左襟に持ち替える。
오른손은 상대방 왼손에서 왼쪽 목깃으로 옮겨 잡는다 .

05 ▸ 相手の左襟をつかんだ右手を下に引き、右足で相手の足を矢印方向に蹴り、相手がバランスを崩したら、右足を抜き上下を入れ替えサイドポジションで押さえ込む。
상대방 왼쪽 목깃을 잡은 오른손을 아래로 당기고 , 오른발로 상대방의 발을 화살표 방향으로 밀어줘서 상대방의 균형이 무너지면 , 오른발을 제치고 상하를 바꿔 사이드 포지션을 점유한다 .

Sweep from De La Riva Guard ⑬

デラヒーバガードからのスイープ ⑬ 　 데라히바 가드에서 스위프 ⑬

01 ▶ 85ページ03の形から。
왼손을 엉덩이 옆 땅을 짚고 왼발로 상대방의 오른발을 쓸 듯이 당기는 싯팅가드 상태.

02 ▶ 相手が胸を張って掴まれた右袖を切ったら……。
상대방이 상체를 세워 오른쪽 소매를 빼내면,

03 ▶ 右手で相手の左肘を持ち、左手を相手の膝裏から通し左袖を持つ。同時に相手の股下に潜っていく。
오른손으로 상대방의 왼쪽 팔꿈치를 잡고 왼손은 상대방의 오금 뒤로 왼손을 잡는다. 동시에 상대방의 다리 사이로 파고들어 눕는다.

04 ▶ 左袖を持ったまま右側に回転していき、上下を入れ替えスイープを完成させる。
왼손을 잡은 채 왼쪽으로 회전하여 스위프를 완성한다.

Sweep from De La Riva Guard ⑭

デラヒーバガードからのスイープ ⑭　데라히바 가드에서 스위프 ⑭

Technique 084 — Bottom Position

01 ▶ 立った相手に対して両袖を持ったデラヒーバガードの形から。
서 있는 상대방의 양손을 잡은 데라히바 가드의 형태.

02 ▶ 右足を相手の左膝に当て、矢印方向に押し込む。
오른발을 상대방의 무릎에 대고 화살표 방향으로 밀어준다.

03 ▶ 左足を深く差し込んで、相手の左腿に足首をかける。
왼발을 깊이 넣고, 상대방의 왼쪽 골반에 발등을 건다.

04 ▶ 右足をさらに押し込み、右手を引いて相手のバランスを崩したら……。
오른발은 더 밀고 오른손을 당겨 상대방의 균형을 무너뜨린다.

05 ▶ 右足を抜いて自分は起き上がり、相手をサイドポジションで押さえ込む。
오른발은 접어서 빼내고 일어나 사이드 포지션으로 전환한다.

Sweep from De La Riva Guard ⑮

デラヒーバガードからのスイープ ⑮   데라히바 가드에서 스위프 ⑮

01 ▶ 立った相手に対して両袖を持ったデラヒーバガードの形から。
서 있는 상대방의 양손을 잡은 데라히바 가드의 형태.

02 ▶ 右足を相手の左膝裏に当てる。
오른발을 상대방의 왼쪽 뒷무릎에 건다.

03 ▶ 次に左足を自分の右足の上から相手の左腿前にフックしたら……。
왼발을 자신 오른쪽 발 위로 하여 상대방의 왼쪽 골반에 훅을 건다.

04 ▶ 両手で相手を左側に崩しながら、併せて自分の両足を挟んで相手を倒す。
양손으로 상대방을 왼쪽으로 당기며, 자신의 두 다리를 낀 상태로 끌어당긴다.

05 ▶ 上下が入れ替わったら、右手を相手の左襟に持ち替え、プレッシャーをかけながら左手を引いて相手を押さえ込む。
위아래가 바뀌면, 오른손을 상대방의 왼쪽 목깃으로 옮겨 잡고, 압박하면서 왼손은 당겨 상대방을 제압한다.

Sweep from De La Riva Guard ⓰

デラヒーバガードからのスイープ ⓰　데라히바 가드에서 스위프 ⓰

Technique 086 — Bottom Position

01 ▶ 立った相手に対して両袖を持ったデラヒーバガードの形から。
서 있는 상대방의 양손을 잡은 데라히바 가드의 형태.

02 ▶ 右手を相手の右袖、左手を相手の右踵に持ち替え、相手の背後に回るように体を移動させ……。
오른손을 상대방의 오른쪽 소매, 왼손은 상대방의 오른쪽 뒤꿈치를 잡은 후, 상대방의 등 쪽으로 몸을 틀어 준다.

03 ▶ 相手の右袖を引きながら、左手は相手の左のズボンに持ち替え、右の写真の矢印方向に左足を移動させさらに潜っていく。
상대방의 오른쪽 소매를 당기며 왼손은 상대방의 왼쪽 바지를 잡고, 오른쪽 사진의 화살표 방향으로 왼발쪽으로 몸을 틀어 머리가 상대방의 밑으로 파고들어 간다.

04 ▶ 相手の股をくぐり自分は左に回転して、相手の右足を越えたらサイドポジションで押さえ込む。
상대방의 다리 사이로 빠져나가, 왼쪽으로 회전하며 상대방의 오른발을 벗어나 사이드 포지션으로 전환한다.

Technique 087 — Bottom Position
Taking the Back from Tecnique 086
テクニック086からバックを奪う　086 테크닉에서 백으로 전환

01 ▶ 91ページ02の右写真の形から。
오른손은 상대방의 오른쪽 소매, 왼손은 상대방의 오른쪽 뒤꿈치를 잡은 후, 상대방의 등 쪽으로 몸을 틀어준 상태.

02 ▶ 右袖を引きながらフックした左足をさらに深く入れて相手を半身にさせたら、左手を相手の帯に持ち替える。
오른쪽 소매를 당기며 훅을 건 왼발을 더 깊이 넣어 상대방을 기울이면, 왼손을 상대방의 벨트로 옮겨 잡는다.

03 ▶ 帯を持った左手を引き寄せながら、左膝裏にフックさせた左足を矢印方向に蹴ることで相手に尻もちをつかせたら、両手でシートベルトグリップを作り相手のバックを奪う。
벨트를 잡은 왼손을 끌어당기며 왼쪽 뒷무릎에 훅을 건 왼발을 화살표 방향으로 밀어주어 상대방이 엉덩방아를 찧으면 두 손으로 싯트벨트 그립을 만들어 상대방의 등을 점유한다.

Sweep from De La Riva Guard ⑰

デラヒーバガードからのスイープ ⑰　데라히바 가드에서 스위프 ⑰

01 ▶ 立った相手に対して両袖を持ったデラヒーバガードの形から。
서 있는 상대방의 양손을 잡은 데라히바 가드의 형태．

02 ▶ 右手を相手の右襟に持ち替える。
오른손을 상대방의 오른쪽 목깃으로 옮겨잡고．

03 ▶ 襟を持った右手を引いてバランスを崩したら、両足で相手の右足を挟んで後方に投げ、そのまま自分も後転してついていく。
오른손으로 상대 목깃을 당겨 균형을 무너뜨리고．훅을 걸고 있는 다리와 반대 다리를 오른쪽 머리 위로 밀어주며 같이 굴러준다．

04 ▶ マウントを奪い、スイープを完成させる。
마운트를 점유하여 스위프를 완성한다．

Sweep from De La Riva Guard ⑱

デラヒーバガードからのスイープ ⑱　데라히바 가드에서 스위프 ⑱

01 ▶ 相手の両袖を持ったデラヒーバガードから。
앉아 있는 상대방의 양손을 잡은 데라히바 가드의 형태.

02 ▶ 右足を相手の左腕外側からラッソーガードのように巻いて、股下に入れる。
오른발을 상대방의 왼팔 바깥쪽에서 안으로 랏쏘가드를 걸고, 다리 사이로 들어간다.

03 ▶ 両袖を引きながら、両足を使い相手を自分の後方に投げる。相手が浮いたら両袖を足側に押し込み、そのまま自分も後転してついていく。
양손을 당기며, 상대방이 뜨면 양손을 다리쪽에 넣어 머리 위로 던지며 자신도 굴러.

04 ▶ マウントを奪い、スイープを完成させる。
마운트를 점유하여 스위프를 완성한다.

Sweep from De La Riva Guard ⑲

デラヒーバガードからのスイープ ⑲   데라히바 가드에서 스위프 ⑲

01 ▶ 相手の両袖を持ったデラヒーバガードから。
앉아 있는 상대방의 양손을 잡은 데라히바 가드의 형태.

02 ▶ 右足を相手の左腕外側からラッソーガードのように巻く。
오른발을 상대방의 왼팔 바깥쪽에서 안으로 랏쏘가드를 건다.

03 ▶ 相手の左腕に巻いた右足を、デラヒーバフックをしている左足首下に通したら……。
상대방의 왼팔에 감은 오른발을 데라히바 훅을 걸고 있는 왼쪽 발목 밑으로 들어가.

04 ▶ 右膝を相手の右肘に乗せ、矢印の方向にプレッシャーをかけ相手を左側に倒す。
무릎을 상대방의 오른쪽 팔꿈치에 올려 화살표의 방향으로 상대방을 눌러 준다.

05 ▶ 右手を離し上になったら、相手の左襟に持ち替え矢印の方向にプレッシャーをかけ、左手で相手の右袖を引きながら足を抜いてサイドポジションで押さえ込む。
오른손을 놓고 상대방의 왼쪽 목깃을 옮겨 잡고, 화살표 방향으로 압박하며 왼손은 상대방의 오른쪽 소매를 당기며 사이드 포지션을 점유한다.

Technique 091 Bottom Position
Sweep from De La Riva Guard ⑳

デラヒーバガードからのスイープ ⑳　데라히바 가드에서 스위프 ⑳

01 ▶ 相手の両袖を持ったデラヒーバガードから。
상대방의 양손을 잡은 데라히바 가드의 형태.

02 ▶ 左足を一度解除し、相手の右腕外側から巻いて、右足の外側から再び
デラヒーバフックをする。
왼발로 상대방의 오른팔을 감은 후, 데라히바 훅을 다시 건다.

03 ▶ 右足を相手の左上腕部に当てキックスパイダーの形にしたら、両足を矢
印方向に煽り相手を左側に倒す。
오른발은 상대방 왼쪽 이두근을 밟는 스파이더 가드 형태로, 두 발을
화살표 방향으로 밀어 상대방을 왼쪽으로 넘어뜨린다.

04 ▶ 両袖はつかんだまま相手についていき、マウントポジションを奪う。
양손을 잡은 채, 상대방을 따라가 마운트 포지션을 점유한다.

Sweep from De La Riva Guard ㉑

デラヒーバガードからのスイープ ㉑   데라히바 가드에서 스위프 21 ㉑

01 ▶ 96ページ 02 の形から。
왼발로 상대방의 오른팔을 감은 후, 데라히바 훅을 다시 건 형태.

02 ▶ 右手を相手の右踵に持ち替え、矢印方向（左の矢印）に引きながら、左膝を矢印方向（右の矢印）に倒す。
오른손은 상대방 오른발 뒤꿈치를 잡고, 왼쪽 화살표 방향으로 당기며 무릎은 오른쪽 화살표 방향으로 눌러준다.

03 ▶ 相手が倒れたらテクニカルスタンドアップの要領で起き上がり、サイドポジションで押さえ込む。
상대방이 쓰러지면 엉덩이를 뒤로 빼며 일어나 사이드 포지션으로 전환한다.

Sweep from De La Riva Guard ㉒

デラヒーバガードからのスイープ ㉒　데라히바 가드에서 스위프 ㉒

01 ▶ デラヒーバガードから相手を煽ったが、正面に戻ってきた時。
데라히바 가드에서 상대방을 밀어 정면으로 돌아왔을 때,

02 ▶ 右足を相手の左踵裏にフックし、右踵を持った左手を引いて相手に尻もちをつかせる。
오른발은 상대방의 왼발 뒤꿈치에 훅, 오른발 뒤꿈치를 잡은 왼손은 당겨서 상대방을 넘어뜨린다.

03 ▶ 左足を抜き、テクニカルスタンドアップの要領で上になり、スイープを完成させる。
엉덩이를 빼며 왼발을 접고 위로 올라가 스위프를 완성한다.

Sweep from Reverse De La Riva Guard ❶

リバースデラヒーバガードからのスイープ ❶　리버스 데라히바 가드에서 스위프 ❶

Technique
094
Bottom Position

01 ▶ 自分の左足を相手の左足内側から、外側に螺旋のようにフックさせたリバースデラヒーバガードの形から。
자신의 왼발을 상대방의 왼발 안쪽에서 바깥쪽으로 나선형처럼 훅을 건 리버스 데라히바 가드.

02 ▶ 右足で相手の左肩を蹴り、相手を遠ざけたら……。
오른발로 상대방의 왼쪽 어깨를 밀고, 상대방과 거리를 벌려.

03 ▶ 右手を相手の左袖から離し、左足の外側から抱えシッティングガードのように起き上がったら、相手の左足に引っ掛けてある左足を引きながら、左手で相手の右膝をつかみ引いてくる。
오른손은 놓고 왼쪽 다리를 밖에서 안으로 감싸며 일어나, 왼발을 뒤로 끌며 왼손으로 상대방의 무릎을 당기며 밀어준다.

04 ▶ 相手が倒れたら自分は上になり、スイープを完成させる。
상대방이 쓰러지면 위로 올라가 스위프를 완성한다.

Sweep from Reverse De La Riva Guard ❷

リバースデラヒーバガードからのスイープ ❷ 리버스 데라히바 가드에서 스위프 ❷

01 ▶ 99ページ02の形から。
오른발로 상대방의 왼쪽 어깨를 밀고 자신의 왼발로 리버스 데라히바 훅을 건 상태.

02 ▶ 相手が右足潰しにきて前重心になったら。
상대방이 오른발에 체중을 실으며 앞으로 오면,

03 ▶ 相手の左踵を持っている左手を引いて相手のバランスを崩し、テクニカルスタンドアップの要領で右足を抜いて上になる。この時相手の左踵を持った手を引いておけば、相手に起き上がられることがなくなる。
상대방 뒤꿈치를 왼손으로 당겨 상대방이 균형을 잃으면 엉덩이를 빼내 왼발을 세워 위로 간다. 이 때, 상대방 왼쪽 뒤꿈치를 계속 잡아 못일어나게 한다.

04 ▶ スイープを完成させたら、左手を離し足を抜いてサイドポジションで押さえ込む。
왼손을 놓고 발을 치워 사이드 포지션을 점유한다.

Sweep from Reverse De La Riva Guard ❸

リバースデラヒーバガードからのスイープ ❸   리버스 데라히바 가드에서 스위프 ❸

Technique 096 — Bottom Position

01 ▶ 99 ページ 02 の形から。
왼발은 상대방 오른쪽 어깨를 밀고, 오른발은 리버스 데라히바 훅을 건 상태.

02 ▶ 相手がキックスパイダーを解除して、膝を使い自分の左足を潰してきたら、相手の右腿裏にフックさせた右足を蹴り上げ……。
상대방이 왼발을 치워 머리쪽으로 오면 자신의 왼쪽 다리를 내려놓고 상대방 오른쪽 허벅지에 훅을 건 오른발을 차올린다.

03 ▶ 相手を左側に崩し、自分は上になる。
상대방을 왼쪽으로 넘어뜨려 위로 올라간다.

04 ▶ サイドポジションを奪い、スイープを完成させる。
사이드 포지션을 점유하여 스위프를 완성한다.

Sweep from Reverse De La Riva Guard ④

リバースデラヒーバガードからのスイープ ④　리버스 데라히바 가드에서 스위프 ④

01 ▶ 99 ページ 02 の形から。
왼발은 상대방 오른쪽 어깨를 밀고, 오른발은 리버스 데라히바 훅을 건 상태.

02 ▶ 左足を相手の右手外側から巻いてラッソーガードの形にしたら、左足を前方に煽って相手を崩す。
왼발로 랏쏘 가드를 한 후, 머리쪽으로 밀어주며 균형을 무너뜨린다.

03 ▶ 相手が崩れたら、自分は股下に潜って行き……。
상대방이 무너지면 다리 사이로 파고 들어간다.

04 ▶ 股を完全にくぐり抜けたら、相手の背中のたるんだ部分を持ち、足を四の字に組む。
다리 사이를 빠져나가면 오른손으로 상대방의 등을 잡고 다리는 트라이 앵글그립으로.

05 ▶ 相手の背中を持った右手で相手を後方に倒し、四の字に組んだ足を外して自分は右側に回転して上になる。サイドポジションを奪いスイープを完成させる。
오른손으로 상대방을 쓰러뜨린 뒤, 다리를 풀어 오른쪽으로 회전하며 위로 올라가 스위프를 완성한다.

Sweep against Over Under Pass ❶

オーバーアンダーパスに対してのスイープ ❶　오버언더 패스에 대한 스위프 ❶

Technique 098 — Bottom Position

01 ▸ 相手のオーバーアンダーパスに対して、右手で相手の右襟をつかみ、左手で相手の右袖をつかむ。
상대방이 오버 언더 패스를 시도 할 때, 오른손으로 오른쪽 목깃을 잡고 왼손으로 오른쪽 소매를 잡는다.

02 ▸ 左足で相手の右腰を蹴り、距離をとったら……。
왼발로 상대방의 골반을 밀어 거리를 벌린다.

03 ▸ 起き上がって、左手で相手の後ろ帯をつかんで右側に相手を崩す。
일어나 왼손으로 상대방의 벨트를 잡고 오른쪽으로 상대방을 넘어뜨린다.

04 ▸ 相手を倒したら、自分の右足を抜いて……。
상대방이 넘어지면 자신의 오른발을 빼내,

05 ▸ 腰を切って相手を押さえ込み、スイープを完成させる。
상대방의 허리를 누르며 스위프를 완성한다.

Technique 099 — Bottom Position
Sweep against Over Under Pass ❷

オーバーアンダーパスに対してのスイープ ❷　오버언더 패스에 대한 스위프 ❷

01 ▶ 相手のオーバーアンダーパスに対して、左手で相手の左襟をつかむ。
상대방이 오버 언더 패스를 시도할 때, 왼손으로 상대방의 왼쪽 목깃을 잡는다.

02 ▶ 左足で相手の右腰を蹴り、距離をとったら……。
왼발로 상대방의 골반을 밀어 거리를 벌린다.

03 ▶ 起き上がって、右手で相手の後ろ帯をつかむ。
일어나 오른손으로 상대방의 벨트를 잡는다.

04 ▶ 左手を襟から離して自分の腰の後ろ側に起き、左足は相手の脇の下に差し込む。
왼손은 자신의 허리 뒤쪽을 짚고 일어나며, 왼쪽 다리는 상대방의 팔을 걸어준다.

05 ▶ 腰を右側にひねり相手を倒したら、腰を切ってサイドポジションで押さえ込む。
허리를 오른쪽으로 틀어 상대방을 누르며, 사이드 포지션으로 전환한다.

Sweep against Over Under Pass ❸

オーバーアンダーパスに対してのスイープ ❸　오버언더 패스에 대한 스위프 ❸

Technique 100 — Bottom Position

01 ▶ オーバーアンダーパスで片足を越えられてしまった時、右手で相手の背中越しに帯をつかみ、左手で相手の左袖を股間に押し込む。
오버 언더 패스로 한쪽 다리가 넘어왔을 때, 오른손으로 상대방의 머리 너머로 벨트를 잡고 왼손으로 상대방의 오른손을 다리 안으로 넣어,

02 ▶ 相手がそのままパスガードをしようと、左側に回ってきたら……。
상대방이 그대로 가드 패스를 하려고 왼쪽으로 넘어오면,

03 ▶ 帯をつかんだ右手を矢印方向に流して、自分は右側に回転して上下を入れ替える。
벨트를 잡은 오른손을 화살표 방향으로 밀며, 자신은 오른쪽으로 회전하여 상하를 교체하고,

04 ▶ ノースサウスポジションで押さえ込み、スイープを完成させる。
노스 사우스 포지션으로 누르며 스위프를 완성한다.

Sweep against Over Under Pass ④

オーバーアンダーパスに対してのスイープ④ 오버언더 패스에서 스위프 ④

01 ▶ 相手がオーバーアンダーからスタックパスに変化してきたら……。
상대방이 오버 언더패스에서 스택 패스로 전환하며 들어오면,

02 ▶ 襟をつかんできた相手の左袖を両手でつかみ、パスガードの動きに合わせ、腕を巻き込む様に左に大きく回転する。
소매깃을 잡아 상대방의 왼손을 양손으로 잡고 상대방의 힘을 이용하여 팔을 끌어당기며 왼쪽으로 크게 회전하여,

03 ▶ 上下が入れ替わったら、サイドポジションで押さえ込みスイープを完成させる。
위아래가 바뀌면 사이드 포지션으로 전환하여 스위프를 완성한다.

Armlock against Over Under Pass

オーバーアンダーパスに対してのアームロック 오버언더 패스에 대한 암락

Technique 102 — Bottom Position

01 ▸ 相手のオーバーアンダーパスに対し、右手で相手の右襟、左手で相手の右袖をつかむ。
상대방의 오버 언더 패스에 오른손은 상대방 오른쪽 목깃, 왼손은 오른쪽 소매를 잡는다.

02 ▸ 左足で相手の右腰を蹴って、相手の右手を伸ばしたら……。
왼발로 상대방의 골반을 밀고 상대가 오른손을 뻗으면,

03 ▸ 相手の右袖をつかんだまま、左足を相手の右脇下から股下に入れて、腰を左側にひねって肘関節を極める。
상대방의 오른쪽 소매를 잡은 채, 왼발을 상대방 팔 밑에서 다리 사이로 밀어넣고 허리를 왼쪽으로 틀어 팔꿈치를 비튼다.

Loop Choke against Over Under Pass

オーバーアンダーパスに対してのループチョーク　オーバーアンダー 패스에서 루프초크

01 ▶ 107 ページ 02 の形から、この時相手の襟はやや浅めに持っておく。
왼발로 상대방 골반을 밀고 상대가 오른손을 뻗으면, 상대 목깃은 느슨히 잡는다.

02 ▶ 一度相手と距離をとったら、上体を起こす。
상대방과 거리를 벌리며, 상체를 세운다.

03 ▶ 右腕を相手の首の下から通す。右前腕部は相手の首に沿うようにする。左手は後頭部から相手の頭部を抱えるようにして自分の右肘に差し入れ、右肘を上げループチョークを極める。
오른팔은 상대방 목 아래에 넣어 목을 압박하도록 한다. 왼손은 후두부를 눌러 상대방의 목이 안빠지게 자신의 오른쪽 팔꿈치 밑으로 넣으며 루프 초크를 시도한다.

Triangle Choke against Double Under Pass

ダブルアンダーパスに対してのトライアングルチョーク　오버언더 패스에서 트라이앵글 초크

Technique 104 — Bottom Position

01 ▶ 相手のダブルアンダーパスに対し、両袖をつかむ。
상대방의 더블 언더 패스 시도 시 양손을 잡는다.

02 ▶ スタックパスに変化してきたら……。
상대방이 스택 패스로 전환하려고 할 때,

03 ▶ 左足を相手の頭部にかけ矢印方向にプレッシャーをかける。右足は相手の左脇下から通したら……。
왼발을 화살표 방향으로 상대방의 머리를 눌러주며, 오른발은 상대방 겨드랑이 밑으로 빼낸다.

04 ▶ 左足を一旦解除して相手の頭の左側に出し、足を組み相手の左袖を対角線に流して三角絞めを極める。
왼발을 풀어 상대방의 머리 오른쪽을 감고 상대방 왼쪽팔을 대각선으로 당기며 트라이앵글 초크를 시도한다.

Taking the Back against Stack Pass

スタックパスに対してバックを奪う　스택패스에서 백테이크

01 ▶ 相手にスタックパスを仕掛けられた時。
상대방이 스택 패스를 시도할 때,

02 ▶ 足を担いできた左肘を矢印方向に押し込む。
발을 눌러주는 상대방 왼쪽 팔꿈치를 화살표 방향으로 밀어준다.

03 ▶ 相手の上体が左側に崩れたら、右側に抜けていき相手の背中についていく。
상대방의 상체가 왼쪽으로 무너지면, 오른쪽으로 빠져나가 상대방의 등을 점유한다.

04 ▶ 相手の真後ろについたら、両足を鼠蹊部にフックしてバックポジションを奪う。
상대방의 양 손이 땅에 닿으면, 두 발을 골반에 훅을 걸고 백 포지션을 점유한다.

Sweep against Knee Slide Pass ❶

ニースライドパスに対してのスイープ ❶　니슬라이드 패스에서 스위프 ❶

Technique 106 Bottom Position

01 ▸ 相手のニースライドパスに対し、右手で相手の左脇を差しておく。
상대방의 니슬라이드 패스에서 오른손으로 상대방 겨드랑이를 판다.

02 ▸ 左脇を差した右手をさらに深く入れ相手の帯をつかみ、半身になって右膝を相手の臀部に押し当てる。
오른손은 최대한 멀리 상대 벨트를 잡고 오른쪽 무릎을 상대방의 엉덩이에 붙인다.

03 ▸ 右手と右膝を矢印方向に押し込むことで、相手を前方に崩したら……。
오른 무릎을 화살표 방향으로 밀어주면 상대방이 앞으로 기울어진다.

04 ▸ 両足で相手の左足をはさみ、左手は相手の右袖をつかんだまま右手で左足を抱え……。
두 다리로 상대방의 왼발을 끼고, 왼손으로 상대방의 오른쪽 소매를 잡고, 오른손은 왼발을 잡아.

05 ▸ 右側に抜けながら左回転して相手の背後についたら、袖をキープしている右側に押し込んで上を奪いスイープを完成させる。
왼쪽으로 일어나며 상대방의 소매를 잡고 있는 오른손을 당겨주며 스위프를 완성한다.

Technique 107 Bottom Position
Sweep against Knee Slide Pass ❷

ニースライドパスに対してのスイープ ❷　니슬라이드 패스에서 스위프 ❷

01 ▶ 相手のニースライドパスに対し、右手で相手の左脇を差しておき、矢印方向に煽る。
상대방이 니슬라이드 패스 시, 오른손은 상대방의 겨드랑이를 파며 화살표 방향으로 올려준다.

02 ▶ 相手がバランスを崩したら、半身になって右手で相手の左腿を抱える。
상대방의 균형이 무너지면, 오른손은 상대방 왼쪽 허벅지를 껴안는다.

03 ▶ 右手を深く差し込んで、自分の左肘と組んだら……。
오른손은 자신의 왼팔 오금을 잡아,

04 ▶ 一度相手を左側に煽る。相手はバランスを取るために元の位置に戻ろうとするので……。
엉덩이를 왼쪽으로 빼면 상대는 균형을 잡기 위해 되돌아오기 때문에,

05 ▶ 今度は逆に右に大きく回転していく。相手の上を奪ったらサイドポジションで押さえ込みスイープを完成させる。
반대로 오른쪽으로 크게 회전하여, 상대방을 넘어뜨려 사이드 포지션으로 전환하며 스위프를 완성한다.

De La Riva Jiu-Jitsu

CHAPTER 02 →
Top Position

Technique 108 Top Position
How to break the Closed Guard ❶

クローズドガードの切り方 ❶　클로즈드 가드를 깨는 방법 ❶

01▶ 相手のクローズドガードに入ってしまったら……。背筋を伸ばし、両手で相手のみぞおちを押さえる。
상대방이 클로즈드 가드를 하면, 허리를 펴고 양손으로 상대방의 명치를 누른다.

02▶ 右手を相手の帯に持ち替え、両足のつま先を立て、矢印方向に腰を移動させる。
오른손을 벨트로 옮겨 잡고, 양 발끝을 세우며 화살표 방향으로 허리를 이동시킨다.

03▶ 左手も帯に持ち替え、両手を突っぱりながらさらに腰を移動していく。
왼손도 벨트로 옮겨 잡은 후, 양손으로 벨트를 밀어주며 허리를 더 이동한다.

04▶ クローズドガードを切ったら、左膝を立てる。こうすることで相手に再びクローズドガードを取られることがなくなる。
클로즈드 가드가 깨지면, 무릎을 세워 다시 클로즈드 가드를 못하게 한다.

How to break the Closed Guard ❷

クローズドガードの切り方 ❷   클로즈드 가드를 깨는 방법 ❷

Technique 109 — Top Position

01 ▶ 相手のクローズドガードに入った形から。
상대방의 클로즈드 가드에 들어간 상태.

02 ▶ 両手で相手の両脇を押さえる。
양손으로 상대방의 이두근을 눌러준다.

03 ▶ 両手を突っぱりながら、腰を矢印方向に移動させる。
양손을 펴주며 허리를 화살표 방향으로 이동한다.

04 ▶ 相手と十分なスペースができたら、両足を伸ばして立ち上がる。
상대방과 충분한 공간이 벌어지면 두 다리를 펴고 일어선다.

05 ▶ 左膝を相手の臀部に当てたら、そのまま膝を立てて座り込みクローズドガードを切る。
왼쪽 무릎을 세워 상대방의 꼬리뼈에 붙인 후, 무릎을 세우며 앉아 클로즈드 가드를 깬다.

How to break the Closed Guard ❸

クローズドガードの切り方 ❸　클로즈드 가드를 깨는 방법 ❸

01▸ 相手のクローズドガードに入った形から。
상대방의 클로즈드 가드에 들어간 상태.

02▸ 右手で相手の左手首をつかみ、右膝の前で押さえる。
오른손으로 상대방 왼쪽 손목을 잡고 무릎 앞에서 누른다.

03▸ 両足を伸ばして立ち上がったら、相手の左手首を背中越しに自分の左手に持ち替え、腰を右側に切っていく。
두 다리를 뻗고 일어나 상대방의 왼쪽 손목을 등 아래로 자신의 왼손으로 바꿔 잡고, 상체를 오른쪽으로 이동한다.

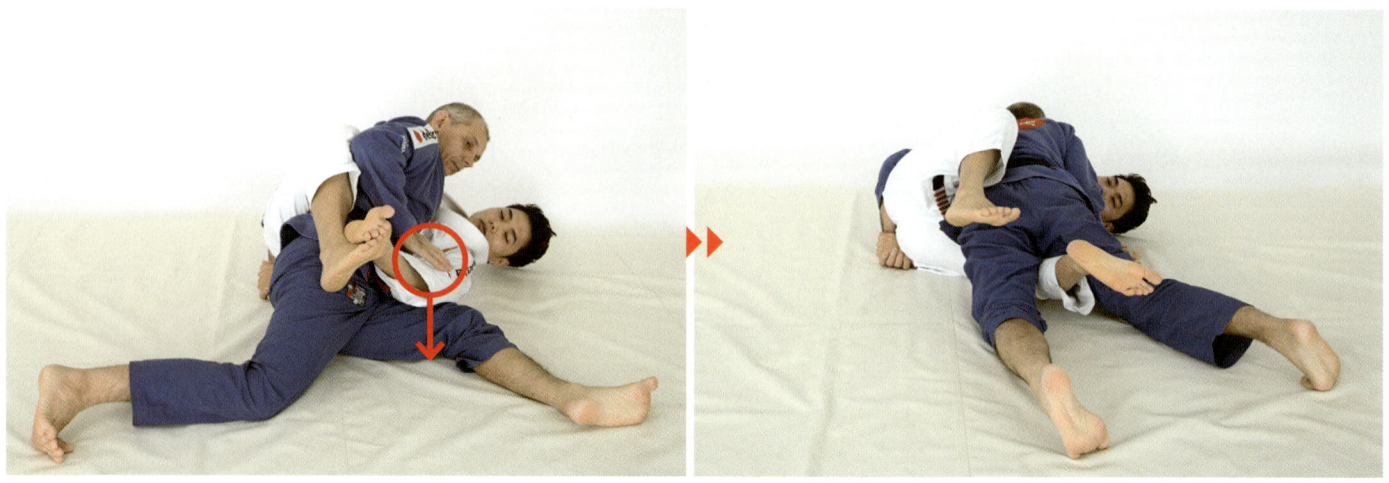

04▸ マットにべったり張り付くくらい腰を切ったら、右手で相手の左膝を押し込んで左足をまたぐ。
바닥에 달라붙을 정도로 허리를 누르며, 오른손은 상대방 무릎을 눌러 오른발을 넘긴다.

How to break the Closed Guard ❹

クローズドガードの切り方 ❹　　클로즈드 가드를 깨는 방법 ❹

Technique 111 Top Position

01 ▶ 相手のクローズドガードに入った形から。
상대방의 클로즈드 가드에 들어간 상태.

02 ▶ 両手で相手の両襟をつかんだまま、片足ずつ素早く立ち上がり、背筋をしっかり伸ばす。
양손으로 상대방의 두 깃을 잡은 채, 한발씩 일어서 허리를 편다.

03 ▶ 右手を相手の膝に当て、下に押し込みながら、腰を上下に揺り相手をマットに落とす。
오른손을 상대방의 무릎에 대고 밑으로 밀며 허리를 상하로 흔들어 상대방을 떨어뜨린다.

How to break the Closed Guard ❺

クローズドガードの切り方 ❺　클로즈드 가드를 깨는 방법 ❺

01 ▶ 相手のクローズドガードに入った形から。
상대방의 클로즈드 가드에 들어간 상태.

02 ▶ 右手で相手の左袖をつかみ、自分に引き寄せる。
오른손으로 상대방의 왼손을 끌어당긴다.

03 ▶ 相手の左袖を引きつけたまま、左腕を突っぱり右膝から立ち上がる。こうすることで相手に足をすくわれることなく、安全に立ち上がることができる。
상대방의 왼손을 끌어당긴 채 왼팔로 지지하며 무릎을 세워 안전하게 일어설 수 있다.

04 ▶ 相手の左袖を左手に持ち替え、背筋を伸ばしながら右手で相手の膝を押し込み、クローズドガードを切る。
상대방의 왼손을 왼손으로 바꿔 잡고, 허리를 펴고 오른손은 상대방의 무릎을 밀며, 클로즈드 가드를 깬다.

How to break the Closed Guard ❻

クローズドガードの切り方 ❻　　클로즈드 가드를 깨는 방법 ❻

Technique 113 Top Position

01 ▶ 相手のクローズドガードに入った形から。
상대방의 클로즈드 가드에 들어간 상태.

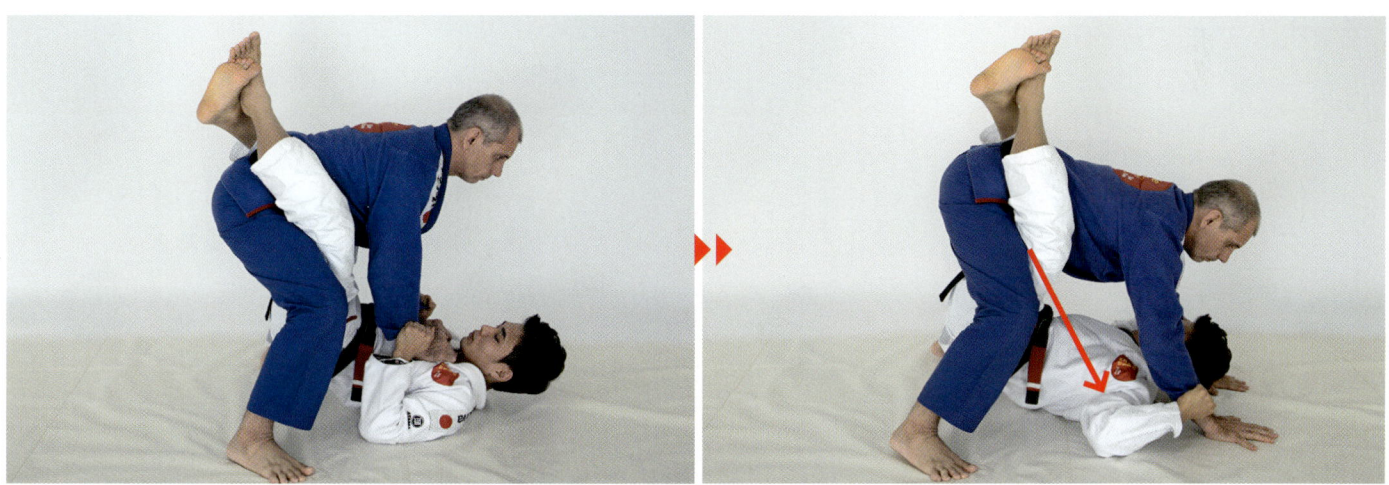

02 ▶ 相手の両襟をつかんだまま立ち上がり、前方にプレッシャーをかけながら両手をマットにつける。
상대방의 두 깃을 잡고 일어서며 상체를 압박하고 손은 매트에 붙인다.

03 ▶ 腰を右側にひねって、相手の右膝外側から左足で両足をまたいだら（ステップオーバーする）、両足上に座り込みクローズドガードを切る。
상대방의 오른쪽 무릎 바깥쪽에서 안으로 상체를 돌리며 왼발을 넘겨 두 다리 위에 주저앉아 클로즈드 가드를 깬다.

Technique 114 Top Position

How to break the Closed Guard ❼

クローズドガードの切り方 ❼　　클로즈드 가드를 깨는 방법 ❼

01 ▶ 相手のクローズドガードに入った形から。
상대방의 클로즈드 가드에 들어간 상태.

02 ▶ 右膝を立て外側に出す。
무릎을 밖으로 세운다.

03 ▶ 相手が組んでいる足の隙間から右手を通し、自分の右足首をつかむ。
상대방이 잡은 오른손을 다리 사이로 넣어 자신의 오른쪽 발목을 잡는다.

04 ▶ 右肩を左側にひねって外側に張り、同時に右足を伸ばして右手を張ってクローズドガードを切る。
오른쪽 어깨를 왼쪽으로 틀며, 오른쪽 다리를 뻗고 오른팔을 밀어 클로즈드 가드를 깬다.

Closed Guard Pass ❶

クローズドガードを切ってからのパスガード ❶　　클로즈드 가드 패스 ❶

Technique 115　Top Position

01 ▶ クローズドガードを切った形から。
クロー즈드 가드를 깬 상태로.

02 ▶ 右膝で相手の左腿を潰し、両手で上半身を固める（右写真参照）。
무릎은 상대 왼쪽 허벅지를 누르며, 양손으로 상체를 눌러준다.

写真02の別角度。脇を差し、首を固めてしっかり相手の上半身を固める。
겨드랑이를 파고 목을 제압해서 상대 상체를 누른다.

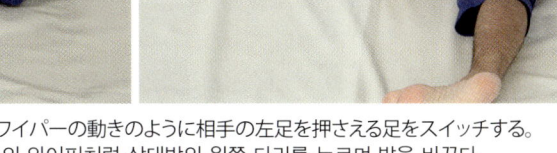

03 ▶ 左足を自分の右足首の上に乗せたら右足は伸ばし、車のワイパーの動きのように相手の左足を押さえる足をスイッチする。
왼발을 자신의 오른쪽 발목 위에 올리며 오른발은 펴고 차의 와이퍼처럼 상대방의 왼쪽 다리를 누르며 발을 바꾼다.

04 ▶ 一度腰を切って相手の足を完全に超えたら、正対してサイドポジションで押さえ込む。
허리를 누르며 상대방의 다리를 넘어가 사이드 포지션으로 전환한다.

Technique 116 Top Position
Closed Guard Pass ❷

クローズドガードを切ってからのパスガード ❷ 클로즈드 가드 패스 ❷

01 ▶ クローズドガードを切った形から。
클로즈드 가드를 깬 상태로.

02 ▶ 左膝で相手の右腿を潰しながら、左手で相手の首を抱え密着する。
무릎으로 상대방의 왼쪽 허벅지를 올려주며 왼손으로 상대방의 목을 껴안고 압박한다.

03 ▶ 左側に大きく腰を切って右足を抜き、サイドポジションで押さえ込む。その際自分の右膝を相手の右腿下に入れておけば、エビでガードに戻される危険性が少なくなる。
왼쪽으로 크게 허리를 틀어 오른발을 돌리고 사이드 포지션으로 전환한다. 자신의 무릎을 상대방의 오른쪽 허벅지 밑에 넣으면 상대방이 가드로 돌아갈 위험성이 적어진다.

Closed Guard Pass ❸

クローズドガードを切ってからのパスガード ❸ 클로즈드 가드 패스 ❸

Technique
117
Top Position

01 ▶ 122ページ02の形から。
무릎으로 상대방의 왼쪽 허벅지를 올려주며 왼손으로 상대방의 목을 껴안고 압박한 상태.

02 ▶ 右手で相手の左膝を矢印方向に押し込んで……。
오른손으로 상대방의 무릎을 화살표 방향으로 밀어주며,

03 ▶ 相手の左膝が落ちたら、右膝を矢印方向に滑り込ませ、マウントを奪いパスガードを完成させる。
상대방의 무릎이 떨어지면 무릎을 화살표 방향으로 들어와 마운트를 점유한다.

Closed Guard Pass ❹

クローズドガードを切ってからのパスガード ❹　　클로즈드 가드 패스 ❹

01 ▸ クローズドガードを切った形から。
ク로즈드 가드를 깬 상태로.

02 ▸ 左膝を相手の体の中心に立てる。
무릎을 세워 상대방의 꼬리뼈에 붙인다.

03 ▸ 左手で相手の右脇を差し、右手は左袖を持ったまま、相手の左腿を潰すように対角線のマットに滑らせる。左膝がマットについたら、右足で相手の左足をまたぎ……。
왼손은 상대방의 우측 겨드랑이를 파며 오른손은 왼팔을 당기고, 상대방 왼쪽 허벅지 위로 슬라이딩하며 오른발이 상대방의 왼쪽 다리를 넘어간다.

04 ▸ 腰を切って相手の左肘を引き寄せ、押さえ込む。
허리를 누르며 상대방의 왼쪽 팔꿈치를 당겨 압박한다.

Closed Guard Pass ❺

クローズドガードを切ってからのパスガード❺　클로즈드 가드 패스 ❺

Technique 119 Top Position

01 ▶ クローズドガードを切った形から。
클로즈드 가드를 깬 상태로,

02 ▶ 右手を相手の左腿裏からすくう様に差し込んだら。
오른손을 상대방의 왼쪽 허벅지 안에서 밖으로 빼내어,

03 ▶ 相手の左腿を担ぎながら相手の右襟をつかむ。この時右手は手の甲が上を向く様にする。
상대방의 왼쪽 허벅지를 어깨에 걸고 상대방의 오른쪽 목깃을 잡는다. 이 때, 오른손 손등이 위쪽을 향하도록 한다.

04 ▶ 相手の体を潰す様にプレッシャーをかけ、相手の腰が浮いたら左手で相手の帯（またはズボン）をつかんで腰をさらに浮かせ、左膝を立て相手の腰に当てておく。
상대방의 상체를 압박하여 허리가 들리면 왼손으로 상대방의 벨트 또는 바지를 잡고 허리를 더 들어주며 무릎을 세워 상대방의 허리에 댄다.

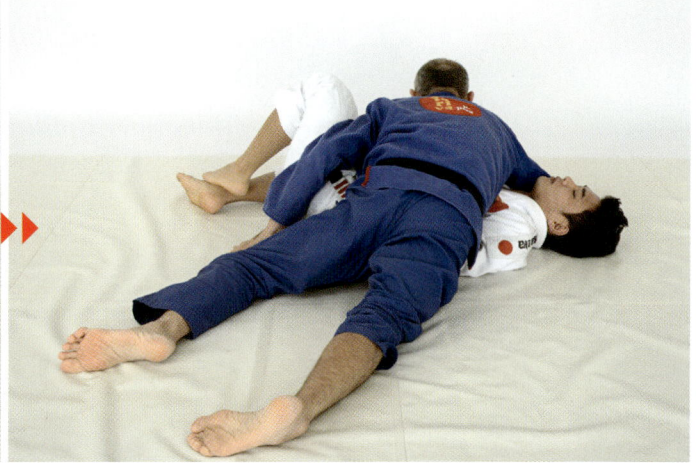

05 ▶ 相手の襟をつかんだ右手で首にプレッシャーをかけながら右回りに移動し、相手の左足を背筋を伸ばしながら外したら、サイドポジションを奪い押さえ込む。
상대방의 목깃을 잡은 오른손으로 목을 압박하면서 반시계 방향으로 이동하고 상대방의 왼쪽 다리가 빠지면, 사이드 포지션을 점유한다.

Technique 120 Top Position

Closed Guard Pass ❻

クローズドガードを切ってからのパスガード ❻　클로즈드 가드 패스 ❻

01 ▶ クローズドガードを切った形から。
클로즈드 가드를 깬 상태로 .

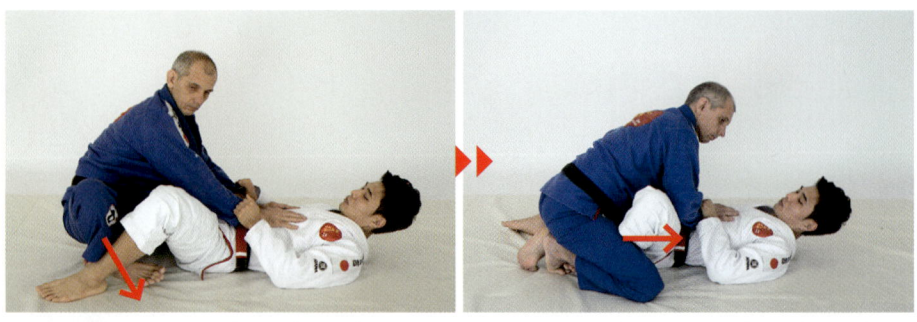

02 ▶ 立てていた右膝を相手の左脛に当て、マットに右膝をつけ矢印方向に押し込み相手の左足を潰す。
세웠던 무릎을 상대방의 왼쪽 발목에 대고 매트에 무릎을 화살표 방향으로 밀어 상대방의 왼발을 눌러준다 .

03 ▶ 相手の左足首に当てていた右の足首を左の足首にスイッチしたら……。
상대방의 왼쪽 발목을 눌러줬던 오른쪽 발목을 왼쪽 발목으로 스위치하며 ,

04 ▶ 腹を突き出して体を伸ばし、相手の左足のフックを完全に潰す。
배를 내밀며 허리를 펴고 왼쪽 훅을 눌러 압박한다 .

05 ▶ そのまま右側に回って行き、サイドポジションを奪い押さえ込む。
오른쪽으로 돌아가 사이드 포지션을 점유한다 .

Open Guard Pass ❶
オープンガードに対してのパスガード ❶   오픈 가드 패스 ❶

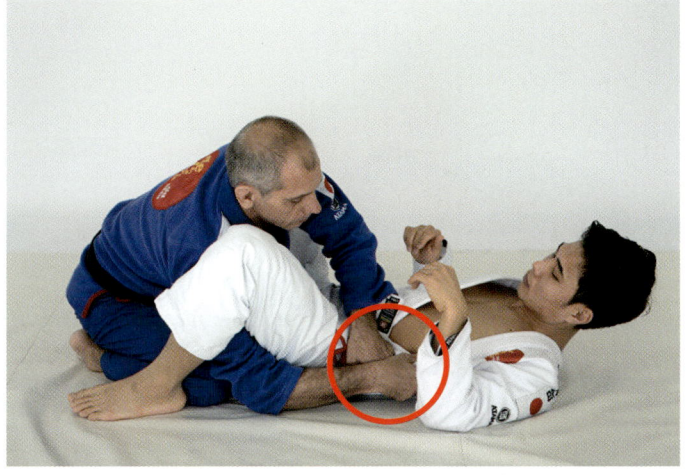

01 ▸ オープンガードの相手に対して、左手で補助をして右手で相手の道着の左裾をタイトにつかむ。
오픈 가드 상태에서 왼쪽 무릎은 세우고, 왼손은 오른손을 도와 상대방의 왼쪽 도복을 타이트하게 잡는다.

02 ▸ 左手で相手の右膝をマットに押し付けながら、上半身を密着させる。
왼쪽 무릎과 왼손은 상대방의 허벅지를 매트에 붙이며 상체를 압박한다.

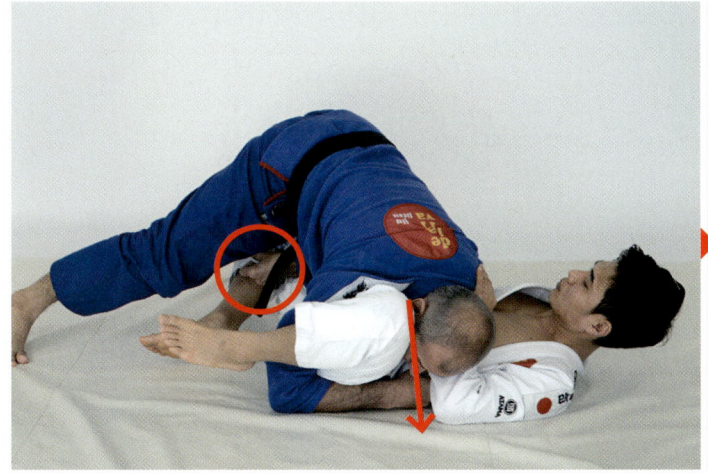

03 ▸ 腰をあげて上半身で相手の下半身に対してプレッシャーをかけながら、相手の右足を超えていく。
허리를 들어 상체로 상대방의 골반을 압박하면서 상대방의 오른발을 넘어간다.

04 ▸ 相手の真横についたら、左手を膝から離し相手の首の下から通して左の肩をつかんで、押さえ込む。
상대방의 옆으로 오면, 왼손을 무릎에서 떼고 상대방의 목을 압박하며 눌러준다.

Open Guard Pass ❷

オープンガードに対してのパスガード ❷　오픈 가드 패스 ❷

01▶ オープンガードの相手に対して、右手を相手の左脛の前から通して帯をつかみ、相手の左足をたたむ。
オ픈 가드 상태에서 오른손은 상대방의 왼쪽 발목을 껴안고 벨트를 잡고 상대방의 왼쪽 다리를 접어준다.

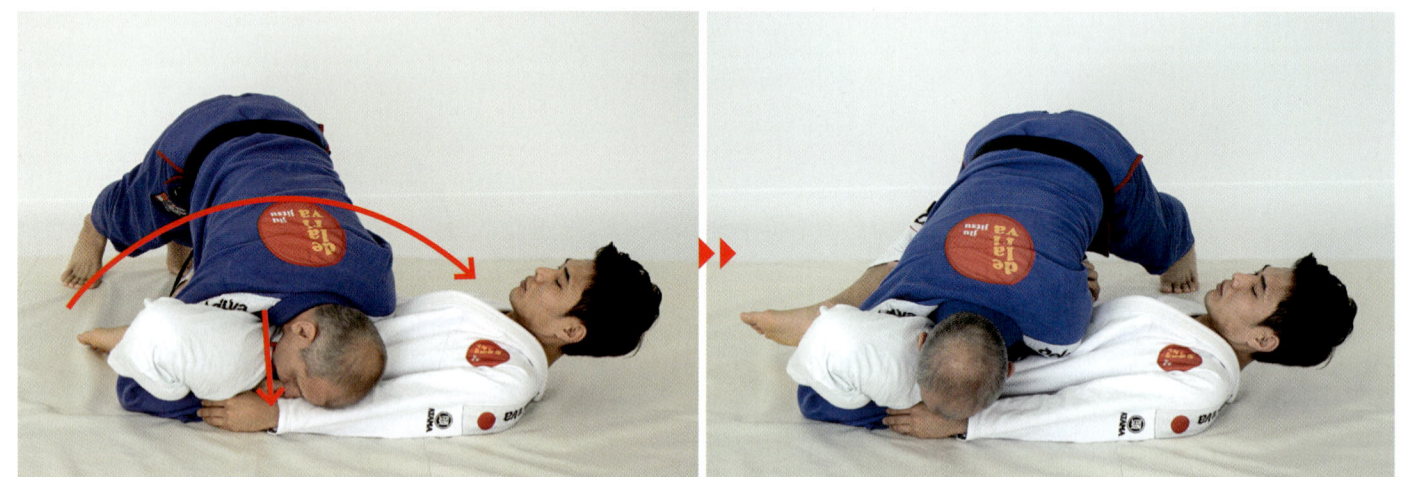

02▶ 左手は相手の右膝を潰し、腰を浮かせ相手の下半身にプレッシャーをかけながら左側に回り相手の真横についたら……。
왼손은 상대방의 무릎을 누르고, 허리를 들어 상대방의 골반을 압박하며 왼쪽으로 돌아 압박한다.

03▶ 自分の右膝を相手の右腿下に当てエビを防ぎ、サイドポジションを奪う。
자신의 무릎을 상대방의 오른쪽 허벅지 밑에 넣으면 상대방이 가드로 돌아갈 위험성이 적어진다.

Open Guard Pass ❸
オープンガードに対してのパスガード ❸   오픈 가드 패스 ❸

Technique 123 Top Position

01 ▶ 右手は相手の左腿裏から通し帯をつかみ、左手で相手の右膝をマットに押し付けたいわゆるオーバーアンダーの形から。
오른손은 상대방의 왼쪽 허벅지를 감싸 벨트를 잡고 왼손으로 상대방의 무릎을 눌러주는 오버 언더 패스 상태.

02 ▶ 左手で相手の足首をつかみ、右肘で挟んで相手の左膝をたたんで制する（形は写真04を参照）。腰を浮かせ相手の下半身にプレッシャーをかける。
왼손은 상대방의 발목을 잡고, 오른쪽 팔꿈치에 상대방의 발목을 걸면 무릎이 접힌다. 허리를 들어 상대방의 골반을 압박한다.

03 ▶ 大きく左に回りながら左手は相手の首の下を通し、左肩をつかみサイドポジションを奪う。
왼쪽으로 돌며 왼손은 상대방의 목을 압박하며 사이드 포지션을 점유한다.

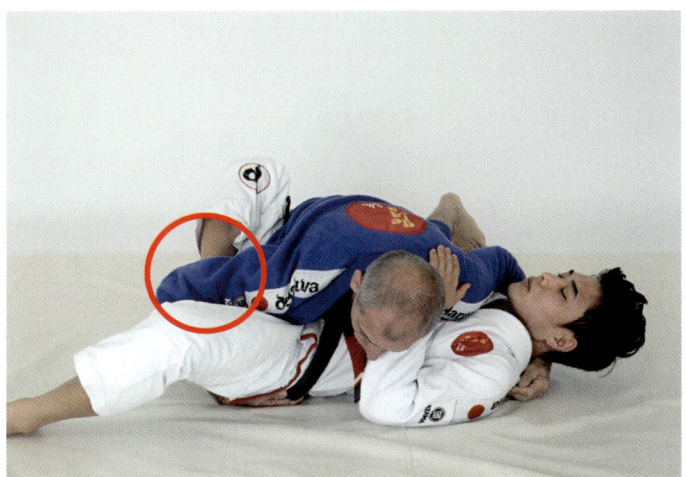

04 ▶ 相手は右足を完全に制されているのでエビをすることができない。
상대방은 오른쪽 다리가 제압되어 가드로 돌아갈 위험성이 적다.

Open Guard Pass ❹

オープンガードに対してのパスガード ❹ 　 오픈 가드 패스 ❹

01 ▶ 相手のオープンガードの形から。
오픈 가드 상태.

02 ▶ 上半身を密着させ、相手の両足にプレッシャーをかける。その際右手は相手の左脇を差す。
상체를 밀착시키고 상대방의 무릎을 접어주며, 오른손은 상대방의 겨드랑이를 파서 어깨를 잡는다.

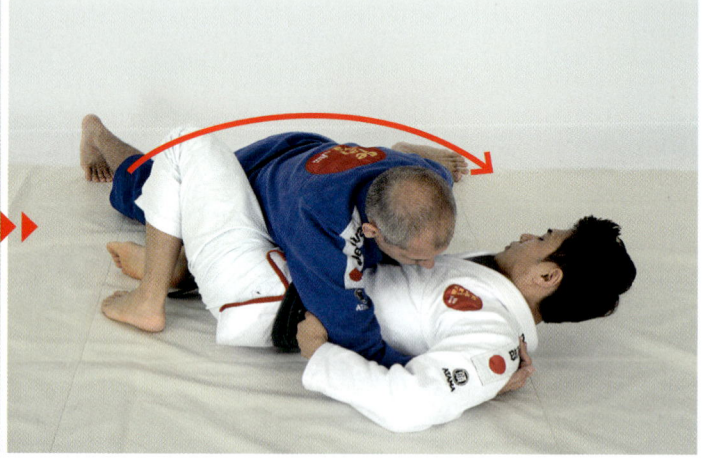

03 ▶ 左手で相手の右膝をマットに押し込み、下半身がマットにつくようにプレッシャーをかけながら、左に回っていく。
왼손으로 상대방의 무릎을 눌러 다리가 매트에 닿도록 압박하며 왼쪽으로 돌아간다.

04 ▶ 相手の右足を完全に越えたら、左手で相手の右袖を引きつけながら腰を切りサイドポジションを奪う。
상대방의 오른발을 넘어가면 왼손으로 상대방의 오른쪽 소매를 당겨 허리를 누르며 사이드 포지션을 점유한다.

Open Guard Pass ❺

オープンガードに対してのパスガード ❺　오픈 가드 패스 ❺

Technique 125　Top Position

01▶ 両手を相手の両腿裏から通し、帯を握ったいわゆるダブルアンダーの形から。
양손으로 상대방의 양쪽 허벅지를 감싸 벨트를 잡은 더블 언더 패스 상태.

02▶ アルファベットの「C」を下から描くように腕を動かし相手の腰を浮かせる。
알파벳 'C'를 그리듯이 아래부터 상대방의 허리를 들어준다.

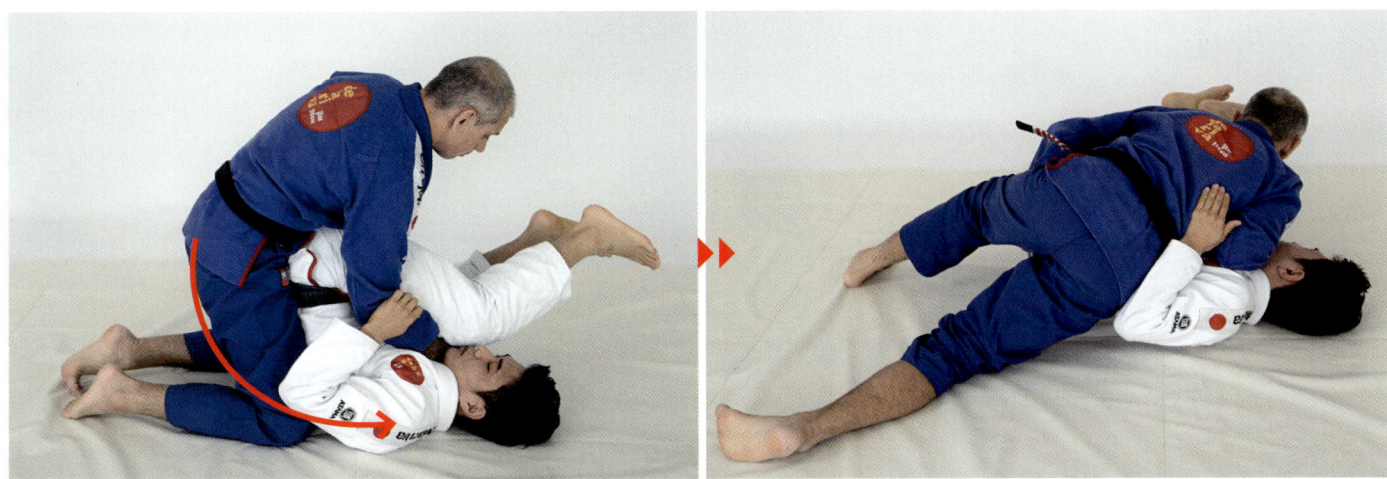

03▶ 相手の体をたたむようにプレッシャーをかけ、右手で相手の対角線の襟をつかむ。左手は相手の帯（またはズボン）をつかんで腰を浮かせ、右側に回ってサイドポジションを奪う（125ページテクニック119と同様）。
상대방의 몸을 접어주며 오른손으로 상대방의 대각선 목깃을 잡는다. 왼손은 상대방의 벨트 또는 바지를 잡아 허리를 들어주며 오른쪽으로 돌아 사이드 포지션을 점유한다.

Open Guard Pass ❻

オープンガードに対してのパスガード ❻ 　 오픈 가드 패스 ❻

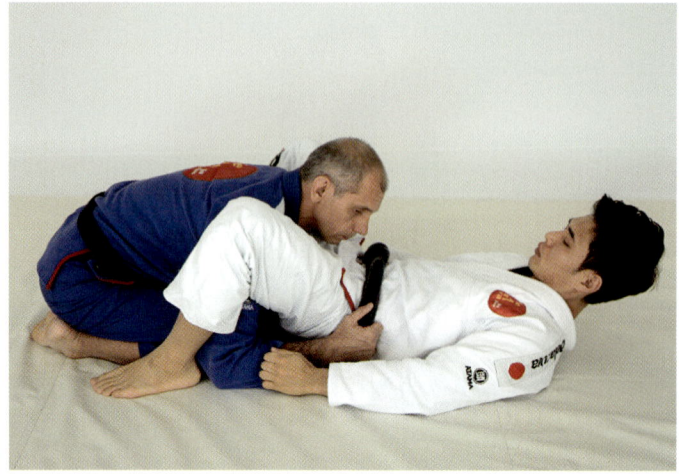

01 ▶ ダブルアンダーの形から。
더블 언더 패스 상태로.

02 ▶ 右膝を立てたら、大きく外側に出す。
무릎을 세워 뒤로 빼낸다.

03 ▶ 右手で相手の左腿を上げながら、腰を切って滑り込むように左足を右側に抜いていく。
오른손은 상대방의 왼쪽 허벅지를 감싸고, 허리를 들며 왼발을 오른쪽 골반 쪽으로 뻗어준다.

04 ▶ ノースサウスポジションをとるくらいまで体を移動させたら、左手も抜き重心を低くして相手を押さえ込む。
노스 사우스 포지션처럼 몸을 이동시키면, 왼손도 빼내 자세를 낮추고 상대방을 압박한다.

Open Guard Pass ❼

オープンガードに対してのパスガード ❼   오픈 가드 패스 ❼

Technique 127 · Top Position

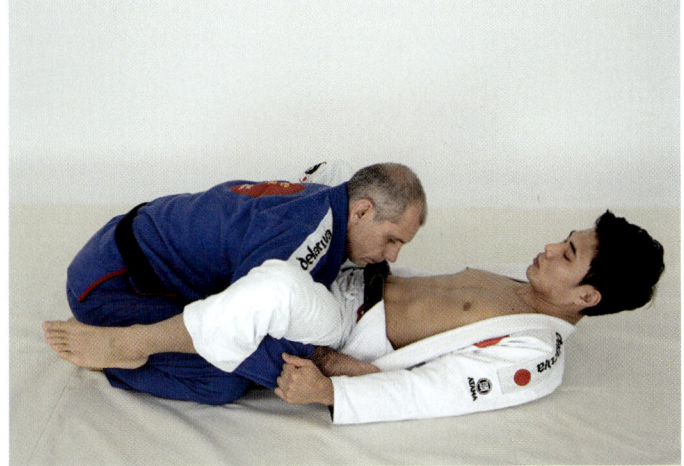

01 ▶ 相手の上衣の両裾を持ったダブルアンダーの形から。
상대방의 도복 끝자락을 잡은 더블 언더 패스 상태.

02 ▶ 相手の上衣の左裾を右手で大きく引き出してくる。
상대방의 상의 왼쪽 끝자락을 왼손으로 타이트하게 당긴다.

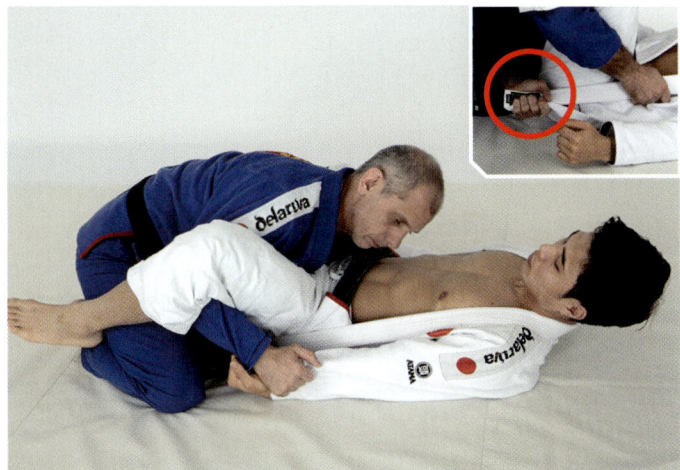

03 ▶ 左手を一旦離して、引き出してきた相手の左裾に持ち替え（小写真参照）、右手は相手の左袖を持つ。
왼손을 놓고 상대방의 왼쪽 끝자락으로 옮겨 잡는다. 오른손은 상대방의 왼손을 잡는다.

04 ▶ ここまでセットアップできたら、腰を浮かせ両手を引き上げながらおもいっきり背筋を伸ばす。こうすることで相手は左に回転してしまうのでニーオンザベリーで相手を押さえ込む。
준비되면 허리를 들어 양손을 위로 당기며 상체를 편다. 이러면 상대방은 오른쪽으로 회전하므로 니 온 벨리 상태로 제압할 수 있다.

Technique 128 Top Position

Open Guard Pass ❽
オープンガードに対してのパスガード ❽ 오픈 가드 패스 ❽

01 ▶ 右手は相手の左腿裏から通して帯をつかみ、左手は相手の右膝を押さえたオーバーアンダーの形から。
오른손은 상대방의 왼쪽 허벅지를 감싸 벨트를 잡고 왼손은 상대방의 무릎을 누른 오버 언더 패스의 상태.

02 ▶ 自分の頭を相手の左腿裏に入れ、左側にパスガードを仕掛け、左足で相手の右足を越える。
본인 머리를 상대방의 왼쪽 오금에 붙이고 왼발을 상대방의 오른발 방향으로 넘겨준다.

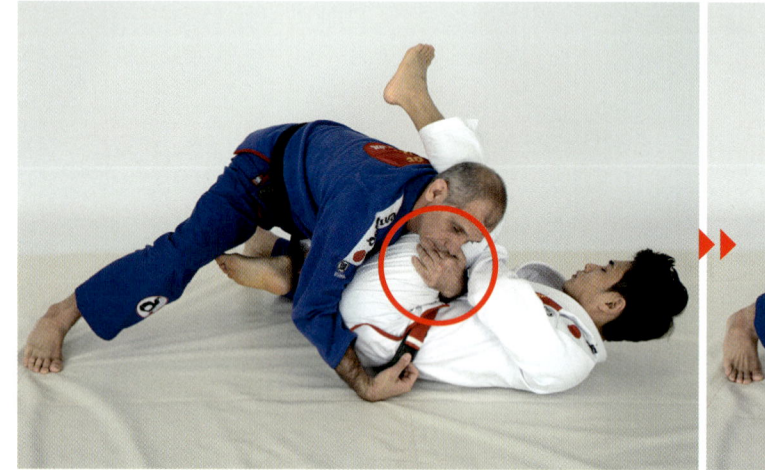

03 ▶ 相手の右膝を押さえていた左手を離し左腿を抱えたら、帯を持っていた右手を対角線の襟に持ち替え相手の喉にプレッシャーをかけ、さらに胸で相手の左膝側面を潰して右回りにパスガードを仕掛ける。
왼손은 왼쪽 허벅지를 감싸고, 오른손은 대각선 목깃으로 바꿔 잡아 상대방의 목을 압박하며, 상체로 상대방의 왼쪽 무릎을 눌러 반시계 방향으로 패스한다.

04 ▶ サイドポジションを奪い押さえ込む。
사이드 포지션을 점유한다.

Open Guard Pass ❾

オープンガードに対してのパスガード ❾　　오픈 가드 패스 ❾

Technique 129 Top Position

01 ▶ 相手のオープンガードに対して、自分が立った形から。
상대방의 오픈 가드에서 본인이 서 있는 상태 .

02 ▶ 相手の両膝を両手で持ち、右足を一歩外に出す。
상대방의 두 무릎을 양손으로 잡고 , 오른발을 한발짝 뒤로 빼낸다 .

03 ▶ 左足を相手の両足の間から左脇腹横に通し、さらに右手で相手の左膝をマットにつけるように押し込み、右足は相手の左足を越え……。
왼발을 상대방의 다리 사이를 지나 왼쪽 골반에 대고 오른손은 상대방의 무릎을 매트에 닿게 누르며 , 오른쪽 다리는 상대방의 왼쪽 다리를 넘어온다 .

04 ▶ 左膝を相手の腹部に当て、ニーオンザベリーで押さえ込む。
무릎을 상대방의 복부에 대고 니 온 더 벨리로 압박한다 .

Technique 130 — Top Position

Open Guard Pass ⑩

オープンガードに対してのパスガード ⑩　오픈 가드 패스 ⑩

01 ▶ 相手のオープンガードに対して、自分が立った形から。
상대방의 오픈 가드에서 본인이 서 있는 상태.

02 ▶ 両手で相手の両膝をつかんだまま腰を落とす。
양손으로 상대방의 두 무릎을 잡고 자세를 낮춘다.

03 ▶ 右足を相手の左足の外側からまたぐように移動させ……。
오른발을 상대방의 왼쪽 밖으로 이동시킨다.

04 ▶ 相手の左足側面に座るように腰を落として相手の足を折りたたんでしまう。
상대방의 왼쪽 허벅지 측면에 걸터앉아 다리가 접히도록 압박한다.

05 ▶ 両手で相手の両膝をマットに押し付けるようにプレッシャーをかけサイドポジションを奪い押さえ込む。
양손으로 상대방의 두 무릎을 압박하며 사이드 포지션을 점유한다.

Open Guard Pass ⓫

オープンガードに対してのパスガード ⓫　오픈 가드 패스 ⓫

Technique **131** Top Position

01 ▶ 相手のオープンガードに対して、自分が立った形から。
상대방의 오픈 가드에서 본인이 서 있는 상태.

02 ▶ 腰を後ろに下げる。
엉덩이를 뒤로 빼며,

03 ▶ 両手で相手の膝をそれぞれ矢印方向に押し付けるようにプレッシャーをかけ下半身を潰したら……。
양손으로 상대방의 무릎을 화살표 방향으로 밀며 압박하고,

04 ▶ 頭を相手の左脇腹あたりに当て、腰を落とし低い姿勢で上半身も制する。
머리를 상대방의 왼쪽 가슴에 대고 허리를 낮춰 상체를 압박한다.

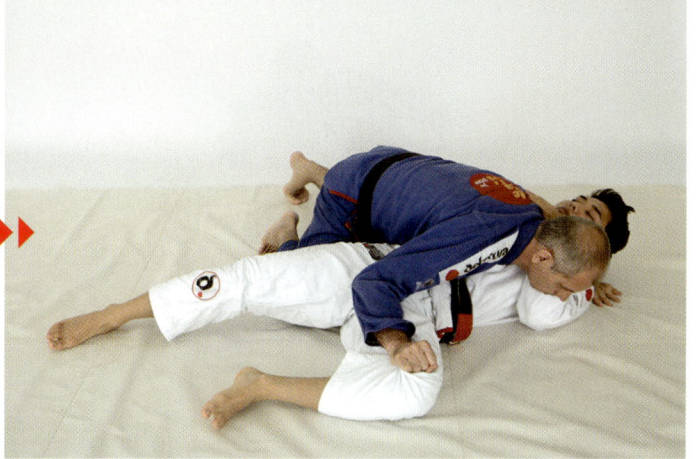

05 ▶ 左側に回り右足も相手の右足を越えたら、右膝を持っていた左手は相手の頭の下から通し、左膝を腰骨付近に当てサイドポジションを奪い押さえ込む。
왼쪽으로 돌아 상대방의 오른발을 넘어가서 왼손은 상대방의 목을 파고 무릎은 골반에 대고 사이드 포지션으로 전환한다.

Technique 132 — Top Position

Open Guard Pass ⑫

オープンガードに対してのパスガード ⑫　　오픈 가드 패스 ⑫

01 ▸ 相手のオープンガードに対して、自分が立った形から。
상대방의 오픈 가드에서 본인이 서 있는 상태.

02 ▸ 右手を相手の膝裏から通して、左腿をすくう。
오른손을 상대방의 뒷무릎에 걸고, 왼쪽 허벅지를 감싼다.

03 ▸ 右側に回り込み、右手を相手の対角線の襟に持ち替え首にプレッシャーをかけながら、下半身を落として左足を制する。
오른쪽으로 돌아, 오른손을 상대방의 대각선 목깃으로 옮겨 잡고, 목을 압박하며 엉덩이를 떨어뜨리고 왼발을 눌러준다.

04 ▸ 頭を抜いてサイドポジションを奪い押さえ込む。
상대방의 다리 방향을 보며 사이드 포지션을 점유한다.

Open Guard Pass ⓭

オープンガードに対してのパスガード ⓭　　オ픈 가드 패스 ⓭

Technique 133
Top Position

01 ▶ 相手のオープンガードに対して、自分が立った形から。
상대방의 오픈 가드에서 본인이 서 있는 상태.

02 ▶ 左手を膝から離して、相手の右胸を押さえつけ、右手は相手の左袖をつかむ。
왼손은 상대방의 가슴을 누르고, 오른손은 상대방 왼손을 잡는다.

03 ▶ 左膝を対角線のマットに滑り込むようにスライドさせ、相手の左腿を左脛で押さえつけ、右足で相手の左足を越えていく。この時左手は相手をマットに押さえつけ、相手の左袖は自分に引き寄せる。
왼쪽 무릎을 대각선으로 슬라이딩하며 상대방 왼쪽 골반을 눌러주고 오른발은 상대방 왼쪽 다리를 넘어간다. 오른손은 상대방의 왼팔을 당겨준다.

04 ▶ 左足をそのままスライドさせ相手の左足を越えたらニーオンザベリーで押さえ込む。
왼발을 그대로 슬라이딩하며 상대방의 왼쪽 다리를 넘으면 니 온 더 밸리로 압박한다.

Technique 134 Top Position

Open Guard Pass ⓮
オープンガードに対してのパスガード ⓮　　오픈 가드 패스 ⓮

01 ▶ 相手のオープンガードに対して、自分が立った形から。
상대방의 오픈 가드에서 본인이 서 있는 상태.

02 ▶ 右手は相手の左袖に持ち替える。
오른손은 상대방의 왼손으로 옮겨 잡고.

03 ▶ 左手で相手の左のズボンの裾を持ったら……。
왼손으로 상대방의 왼쪽 바지끝단을 잡는다.

04 ▶ 左足を右足と揃う位置まで下げ、自分は移動せず背筋を伸ばし両手を引き寄せる。相手は90度左に回ってしまうので、ニーオンザベリーで押さえ込む。
왼발을 오른발과 나란히 위치하여 자신은 이동하지 않고 상체를 세우며 두 손을 당겨 상대방을 90°왼쪽으로 돌린 후, 니 온 더 벨리로 압박한다.

Open Guard Pass ⑮

オープンガードに対してのパスガード ⑮　　오픈 가드 패스 ⑮

Technique 135
Top Position

01 ▶ 相手のオープンガードに対して、自分が立った形から。
상대방의 오픈 가드에서 본인이 서 있는 상태.

02 ▶ 右手で一度相手の左袖をつかみ、左手に持ち替える。
오른손으로 상대방의 왼손을 잡아 자신의 왼손으로 잡은 후 오른손을 뗀다.

03 ▶ フリーになった右手で、相手の左膝をマットに押し込む。
자유롭게 된 오른손으로 상대방 무릎을 매트에 붙여준다.

04 ▶ 座りながら、右膝をスライドさせ相手の左腿を右脛で押さえたら……。
오른쪽 무릎을 슬라이딩하여 상대방 왼쪽 허벅지를 오른쪽 정강이로 누른다.

05 ▶ 右手を相手の頭の下を通して密着し、上体を制する。
오른손으로 상대방 목을 파서 압박한다.

06 ▶ 左足も相手の左足を越え、左膝を相手の腰骨に当て、サイドポジションを奪い押さえ込む。
왼발도 상대 왼쪽 다리를 넘어와 무릎을 상대방의 골반에 대고 사이드 포지션을 점유한다.

De La Riva Jiu-Jitsu | 141

Open Guard Pass ⑯

オープンガードに対してのパスガード ⑯   오픈 가드 패스 ⑯

01 ▶ 相手のオープンガードに対して、自分が立った形から。両手で相手の右膝をつかむ。
상대방의 오픈 가드에서 본인이 서 있는 상태에서 양손으로 상대방 무릎을 잡는다.

02 ▶ 右手を相手の膝から、左足首に持ち替える。
오른손을 상대방의 무릎에서 왼쪽 발목으로 옮겨 잡는다.

03 ▶ 相手の左足を自分の左足の外側に流す。
상대방의 왼쪽 다리를 자신의 왼발 바깥쪽으로 보내준다.

04 ▶ 左膝を相手の両足の間に滑り込ませ、相手の左足を外側から胸で押さえる(いわゆるレッグドラッグの形)。
자신의 무릎을 상대방의 다리 사이에 밀어 넣고 왼발을 밖으로 향하게 가슴으로 압박하는 레그드레그 형태.

05 ▶ 相手の左側に回り込みながら、右手を相手の頭の下から通して、サイドポジションを奪い押さえ込む。
상대방의 왼쪽으로 돌아 오른손은 상대방의 목을 파고, 사이드 포지션을 점유한다.

Open Guard Pass ⑰

オープンガードに対してのパスガード ⑰　오픈 가드 패스 ⑰

Technique 137 Top Position

01 ▶ 相手のオープンガードに対して、自分が立った形から。
상대방의 오픈 가드에서 본인이 서 있는 상태.

02 ▶ 右手を相手の膝から、左足首に持ち替える。
오른손은 상대방의 무릎에서 왼쪽 발목으로 옮겨 잡고,

03 ▶ 右手を押し込み、相手の左足をたたむ。
오른손을 눌러 상대방의 왼쪽 다리를 접어준다.

04 ▶ 両足を左側にさばきながら、相手の左側に回り込み……。
두 다리를 왼쪽으로 밀어주면 상대방이 왼쪽으로 돌아간다.

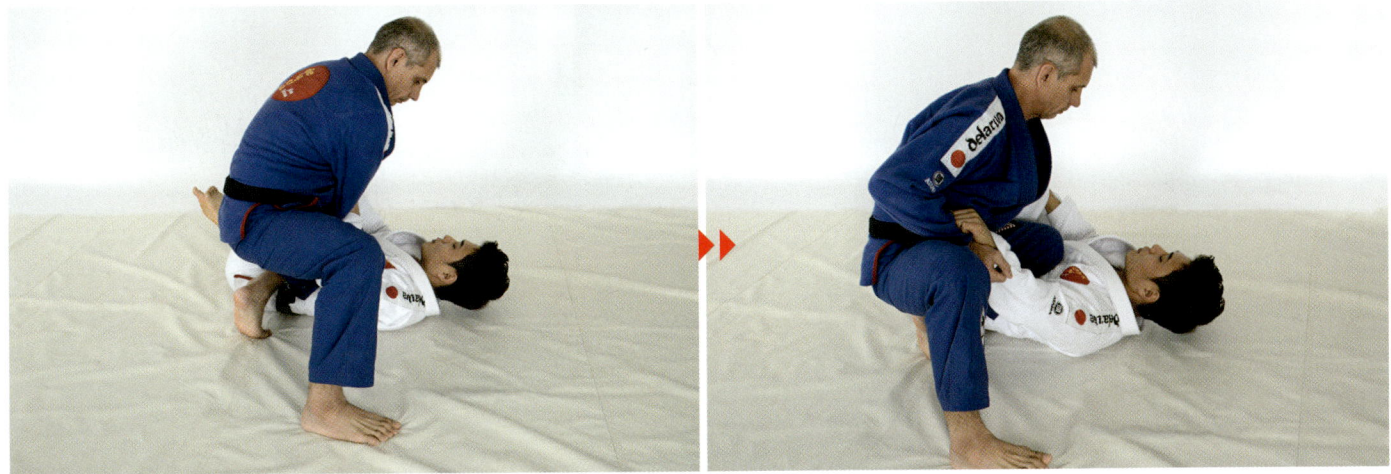

05 ▶ 相手の腰を越えたら、左膝を腹部に当て、右手を左袖に持ち替えニーオンザベリーで押さえ込む。
무릎을 복부에 대고 오른손을 왼손으로 옮겨 잡은 후, 니 온 더 벨리로 압박한다.

Technique 138 — Top Position

Open Guard Pass ⑱

オープンガードに対してのパスガード ⑱   오픈 가드 패스 ⑱

01 ▶ 相手のオープンガードに対して、自分が立った形から。
상대방의 오픈 가드에서 본인이 서 있는 상태 .

02 ▶ 両手で相手の上着の両襟をつかむ。
양손으로 상대방 상의 양쪽 목깃을 잡는다 .

03 ▶ 背筋を伸ばしながら両手で相手の上半身を左膝に引き寄せる。
허리를 펴면서 양손으로 상대방 상체를 무릎으로 끌어당긴 후 ,

04 ▶ 左手で相手の背中越しに上着の後ろをつかんだら……。
왼손은 상대방 등을 껴안고 ,

05 ▶ 左側に大きく腰を切って左足を抜き、サイドポジションを奪い押さえ込む。
왼쪽으로 크게 허리를 틀며 오른발을 빼내 사이드 포지션을 점유한다 .

Open Guard Pass ⑲

オープンガードに対してのパスガード ⑲　오픈 가드 패스 ⑲

Technique 139 Top Position

01 ▶ 相手のオープンガードに対して、自分が立った形から。
상대방의 오픈 가드에서 본인이 서 있는 상태.

02 ▶ 右手を相手の膝から左袖に持ち替える。
오른손을 상대방 무릎에서 왼손으로 바꿔 잡은 후,

03 ▶ 左手で相手の右膝を外側に押しながら、左膝を相手の対角線の腿に滑り込むようにスライドさせ、相手の左袖をつかんだ右手を自分に引き寄せる。
왼손은 상대방 무릎을 바깥쪽으로 누르고 왼쪽 무릎을 상대방의 허벅지 위로 슬라이딩하며 상대방 왼손을 오른손으로 당겨준다.

04 ▶ 腰を切りながら、右足も相手の左足を越え、サイドポジションを奪い押さえ込む。
허리를 누르며, 오른발도 상대방의 왼쪽 다리를 넘어 사이드 포지션을 점유한다.

Technique 140 — Top Position

Open Guard Pass ⑳

オープンガードに対してのパスガード⑳　오픈 가드 패스 ⑳

01 ▸ 145 ページ 02 の形から。
상대방의 오픈 가드에서 본인이 서 있는 상태.

02 ▸ 左手で相手の対角線の襟を深く握る。
왼손으로 상대방 대각선 목깃을 깊게 잡는다.

03 ▸ 左膝を相手の対角線の腿に滑り込むようにスライドさせる。
무릎을 상대방의 허벅지 위로 슬라이딩한다.

04 ▸ 左脛で相手の左足を制しながら、右足は左足をまたぎ右手は手の甲を上を向くようにして相手の対角線の襟を深く握る。
왼쪽 골반으로 상대방 왼쪽 골반을 눌러주며 오른발은 왼쪽 다리를 넘고, 오른손은 손등을 위로 향하도록 하여 상대방 대각선 목깃을 깊게 잡는다.

05 ▸ 十字絞め（クロスチョーク）を絞めながら左脛を抜いたら、サイドポジションを奪いそのまま絞め続ける。
크로스 초크를 시도하면서 왼발이 빠져나와 사이드 포지션을 점유한다.

Spider Guard Pass ❶

スパイダーガードに対してのパスガード❶　스파이더 가드 패스 ❶

Technique
141
Top Position

01 ▶ 相手のキックスパイダーの形から。
상대방의 스파이더 가드 상태에서.

02 ▶ 左手を相手の右ふくらはぎ裏から通して、左襟を握る。右手は相手の左足首をつかみ、マットに押し付ける。
왼손을 상대방 오른쪽 뒷꿈치 뒤로 돌려 본인의 왼쪽 목깃을 잡는다. 오른손은 상대방 왼쪽 발을 잡고 아래로 누른다.

03 ▶ 左側に大きく回り、襟を握ったまま胸を張って相手の右足を外したら……。
왼쪽으로 크게 돌며 목깃을 잡은 채 상체를 펴서 상대방의 오른발이 빠지면,

04 ▶ 左手を相手の頭の下から通して押さえ込む。
왼손을 상대방 머리 뒤로 감싸며 사이드 마운트 포지션을 점유한다.

Technique 142 — Top Position

Spider Guard Pass ❷

スパイダーガードに対してのパスガード ❷   스파이더 가드 패스 ❷

01 ▶ 相手のキックスパイダーの形から。
상대방의 스파이더 가드 상태에서.

02 ▶ 左手は相手のズボンの外側をつかむ。右手は相手の左足首をつかみ、マットに押し付ける。
왼손은 상대방 바지 바깥쪽을 잡고, 오른손은 상대방 왼쪽 발목을 잡으며 눌러준다.

03 ▶ 左側に大きく回り胸を張り、相手の右足を右手で押し込んで反対側に流したら……。
왼쪽으로 돌아 상체를 세우고 상대방의 오른발을 오른쪽으로 밀어,

04 ▶ 左手を相手の頭の下から通して押さえ込む。
왼손을 상대방 머리 뒤로 감싸며 사이드 마운트 포지션을 점유한다.

Spider Guard Pass ❸

スパイダーガードに対してのパスガード ❸   스파이더 가드 패스 ❸

Technique 143 Top Position

01 ▶ 相手のキックスパイダーの形から。
상대방의 스파이더 가드 상태에서 ,

02 ▶ 左手で相手の右足の裾をつかみ、右手は相手の左足首をつかむ。
왼손은 상대방 오른쪽 바지 끝단을 잡고 오른손은 상대방 왼쪽 발목을 잡는다 .

03 ▶ 一度後ろに下がったら、両手で相手の両足をマットに押し付け……。
뒤로 물러나며 , 양손으로 상대방 다리를 화살표 방향으로 눌러준다 .

04 ▶ 左肩を相手の左脇腹に当て上半身にプレッシャーをかけ、相手の右足を越えてサイドポジションを奪い押さえ込む。
왼쪽 어깨를 상대방의 왼쪽 허리에 대고 상체를 압박하며 오른발을 넘어 사이드 포지션을 점유한다 .

Technique 144 Top Position

Spider Guard Pass ❹

スパイダーガードに対してのパスガード❹　스파이더 가드 패스 ❹

01 ▶ 相手のキックスパイダーの形から。
상대방의 스파이더 가드 상태에서.

02 ▶ 左手は相手のズボンの左裾をつかみ、右手は相手の左足首をつかみ、マットに押し付ける。
왼손은 상대방의 오른쪽 바지 끝단을 잡고 오른손은 상대방 왼쪽 발목을 잡는다.

03 ▶ 一歩後ろに下がったら、相手の右膝裏に頭を通して足をくぐり抜ける。
한 걸음 물러서며 상대방의 오른쪽 무릎 아래로 머리가 통과한다.

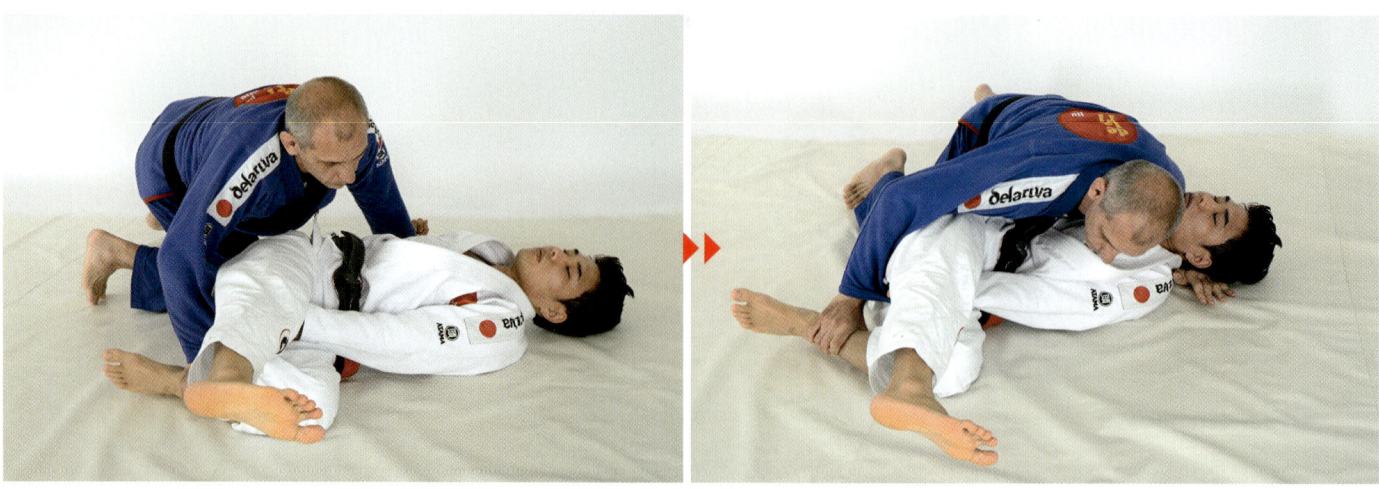

04 ▶ 体全体が抜けたら素早く相手に向かい、サイドポジションを奪い押さえ込む。
몸 전체가 빠져나오면 사이드 포지션을 점유한다.

Spider Guard Pass ❺

スパイダーガードに対してのパスガード❺　스파이더 가드 패스 ❺

Technique 145　Top Position

01 ▶ 相手のキックスパイダーの形から。
상대방의 스파이더 가드 상태에서.

02 ▶ 両手で相手のズボンの両裾を持ったまま、右足裏を相手の右足腿に当て、蹴ってスパイダーガードを解除する。
양손으로 상대방의 바지 끝단을 잡은 채 오른쪽 발바닥을 상대방 오른쪽 허벅지에 받친 후 밀어서 스파이더 가드를 해제한다.

03 ▶ スパイダーを解除した足をそのままスライドし、相手の腹部に膝を置きニーオンザベリーを維持する。
오른쪽 무릎으로 상대방의 복부를 눌러 니 온 더 밸리 포지션을 유지한다.

Spider Guard Pass ❻

スパイダーガードに対してのパスガード❻　스파이더 가드 패스 ❻

01 ▶ 相手のキックスパイダーの形から、左手で相手の右膝外側をつかむ。
상대방의 스파이더 가드 상태에서 왼손은 상대방 오른쪽 무릎 바깥쪽을 잡는다.

02 ▶ 一度右側に移動したら……。
오른쪽으로 한번 이동하여,

03 ▶ 左手を対角線のマットに押し付けるようにして相手の足をたたんでしまう。
왼손을 대각선 매트쪽으로 밀어주고 상대방의 다리를 접어 누른다.

04 ▶ 左側に回りながら、左肩で相手の上半身にプレッシャーをかけ……。
왼쪽으로 돌며 왼쪽 어깨로 상대방 상반신을 압박한다.

05 ▶ 相手の足を完全に越えたら、左手を相手の頭の下から通して押さえ込む。
상대방의 발을 넘어가면 왼손을 상대방 머리 뒤로 감싸며 사이드 마운트 포지션을 점유한다.

Lasso Guard Pass ❶

ラッソーガードに対してのパスガード ❶   라쏘 가드 패스 ❶

Technique
147
Top Position

01 ▶ 腕に足を巻かれた、ラッソーガードの形から。
팔에 발이 감긴 라쏘 가드 상태에서.

02 ▶ 体を少し右側にひねり、相手の左足首のフックを浅くする。立ち上がって左手で相手の左足首をつかみ、脇にかかっているフックを外す。
몸을 오른쪽으로 약간 비틀어, 상대방의 왼쪽 발목 훅을 얕게 한다. 일어서며 왼손은 상대방 왼쪽 발목을 잡고 겨드랑이 훅을 빼낸다.

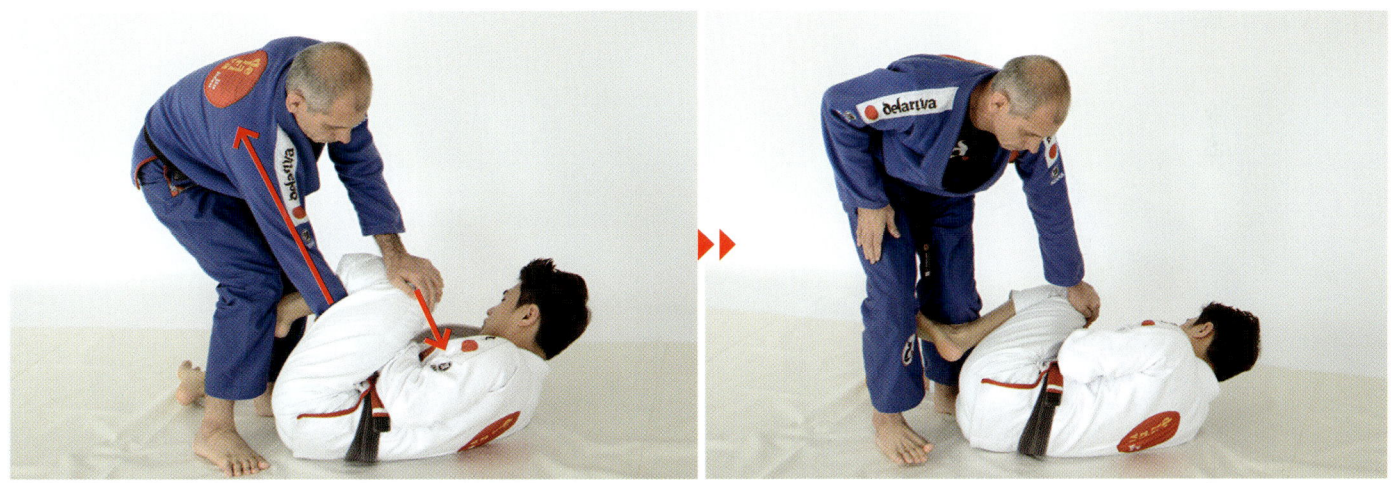

03 ▶ 左手で相手の左膝を押して、背筋を伸ばし相手につかまれている右袖を解除する。
왼손은 상대방 무릎을 누르고, 상대방에 잡혀있는 오른쪽 소매를 당긴다.

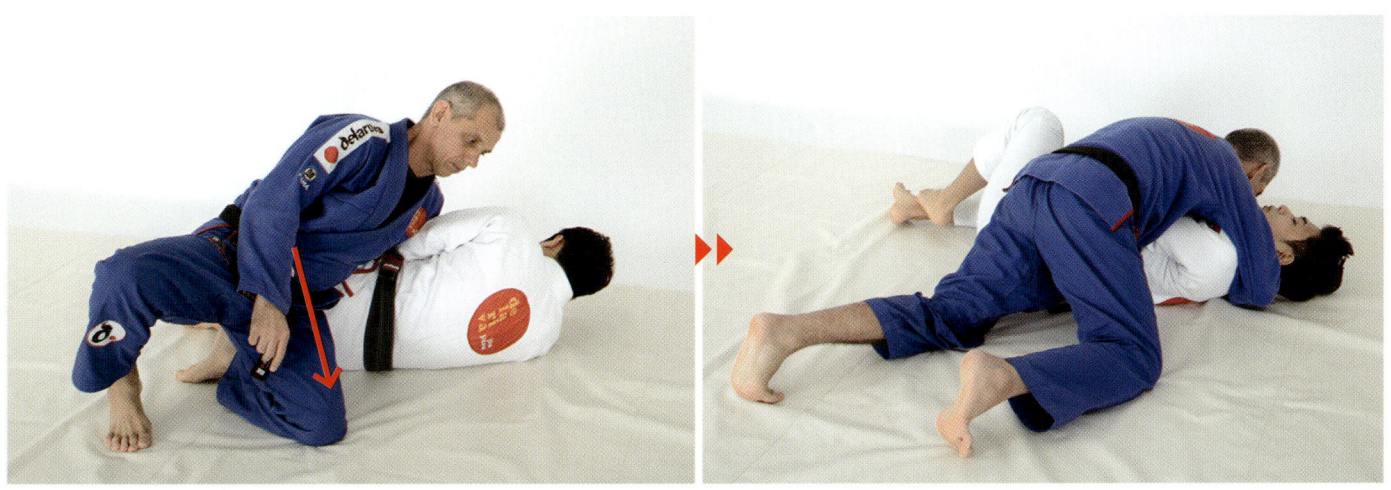

04 ▶ 腰を切って左膝を対角線のマットにスライドさせ、足を越えたら相手に向かい直しサイドポジションを奪う。
허리를 숙이며 무릎을 매트에 슬라이딩 시키며 사이드 포지션을 점유한다.

Lasso Guard Pass ❷

ラッソーガードに対してのパスガード❷　라쏘 가드 패스 ❷

01 ▶ 相手のラッソーガードの形から。
상대방의 라쏘 가드 상태에서,

02 ▶ 右手首を外回しに回転させ、相手の左腿外側に出す。
오른쪽 손목을 밖으로 회전시켜 상대방 왼쪽 허벅지 바깥쪽에 붙인다.

03 ▶ 両手で相手の左膝外側をつかんだら……。
양손으로 상대방 무릎 바깥쪽을 잡으며,

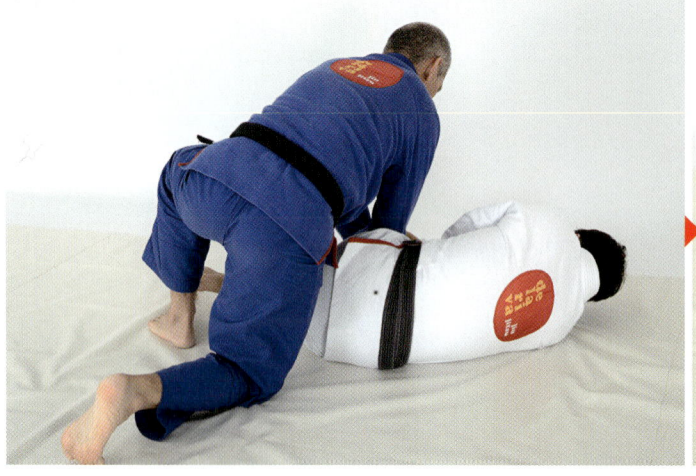

04 ▶ 相手の左膝を反対側のマットに押し付け、右に回りサイドポジションを奪い押さえ込む。
상대방의 무릎을 반대로 밀어주며 오른쪽으로 돌아 사이드 포지션을 점유한다.

Half Guard Pass ❶

ハーフガードに対してのパスガード ❶　하프 가드 패스 ❶

Technique 149 Top Position

01 ▶ 相手のハーフガードの形から。
상대방의 하프 가드의 상태에서.

02 ▶ 左手で相手の右足首をつかみ、右手を相手の左腿の外側から入れる。
왼손은 상대방의 오른쪽 발목을 잡고, 오른손을 상대방 왼쪽 허벅지 바깥쪽에서 안으로 넣는다.

03 ▶ 右手で相手の右足首をつかんだら、左手を相手の頭の下から通し、左肩をつかむ。
오른손으로 상대방의 오른쪽 발목을 잡으면, 왼손은 상대방 목 아래로 넣어 어깨를 잡는다.

04 ▶ 相手は右足を使えなくなるので、低い姿勢のまま左側に回って、サイドポジションを奪い押さえ込む。
상대방은 오른쪽 다리를 못 쓰게 되므로 낮은 자세 그대로 왼쪽으로 돌아 사이드 포지션을 점유한다.

Technique 150 — Top Position

Half Guard Pass ❷

ハーフガードに対してのパスガード❷　하프 가드 패스 ❷

01 ▸ 相手の上半身を固めたハーフガードの形から（上半身の固め方は小写真参照）。
상대방 상반신을 누르는 하프 가드 상태로

02 ▸ 右足首を相手の左腿に載せ、矢印方向に押し込む。
오른쪽 발목을 상대방의 왼쪽 허벅지를 눌러주고 화살표 방향으로 밀어준다.

03 ▸ 相手の足が開いたら、右足首で相手の左膝を押さえたまま、左足を矢印方向に抜いて行き……。
상대방의 다리가 열리면, 오른쪽 발목은 상대방 무릎을 눌러주고, 왼발은 화살표 방향으로 넘어간다.

04 ▸ 右足首も外側に出して、マウントポジションを奪う。
오른쪽 발목도 빠져나오면 마운트 포지션을 점유한다.

Half Guard Pass ❸

ハーフガードに対してのパスガード❸　하프 가드 패스 ❸

Technique
151
Top Position

01 ▶ 相手の上半身を固めたハーフガードの形から。
상대방의 상반신을 누르는 하프 가드 상태에서 ,

02 ▶ 一度左側に腰を切り、右手で相手の左腿を矢印方向に押し込む。
왼쪽으로 허리를 틀어 오른손으로 상대방 왼쪽 허벅지를 화살표 방향으로 밀어준다 .

03 ▶ 相手の足が開いたら相手の体の上に乗り、右膝を相手の左脇横にスライドさせ、マウントポジションを奪う。
상대방의 발이 열리면 상대방 몸 위로 올라와 무릎을 상대방 골반 옆으로 슬라이딩 시키며 마운트 포지션을 점유한다 .

Technique 152 Top Position
Half Guard Pass ❹
ハーフガードに対してのパスガード❹　하프 가드 패스 ❹

01 ▶ 相手の上半身を固めたハーフガードの形から。
상대방의 상반신을 누르는 하프 가드 상태에서.

02 ▶ 頭を相手の頭の左横に置き、体を相手の真上から左にずらす。右手は相手の左肘を抱える。
머리를 상대방 왼쪽 귀에 붙여주며, 왼손은 겨드랑이를 파고 몸을 상대방 왼쪽으로 틀어준다.

03 ▶ 相手の左肘を引き寄せながら、腰を切り左膝をスライドさせていく。
오른손은 상대방의 왼쪽 팔꿈치를 당겨주며, 허리를 틀어 무릎을 슬라이딩 시킨다.

04 ▶ 左足首が引っかかったら右足で相手の右腿を蹴って足を抜き、サイドポジションを奪い押さえ込む。
왼쪽 발목이 걸리면 오른발로 상대방 오른쪽 허벅지를 밀어주며 발을 빼내 사이드 포지션을 점유한다.

Half Guard Pass ❺

ハーフガードに対してのパスガード ❺　하프 가드 패스 ❺

Technique 153 Top Position

01 ▶ 相手の上半身を固めたハーフガードの形から。
상대방의 상반신을 누르는 하프 가드 상태에서.

02 ▶ 左側に腰を切る。左手は相手の左肩越しに肩を固める。この時左肘で相手の頭を反対側に押しておく。
왼쪽으로 허리를 틀고, 왼손은 상대방 왼쪽 어깨로 넘어온다. 이 때, 왼쪽 팔꿈치로 상대방 머리를 반대 방향으로 밀어준다.

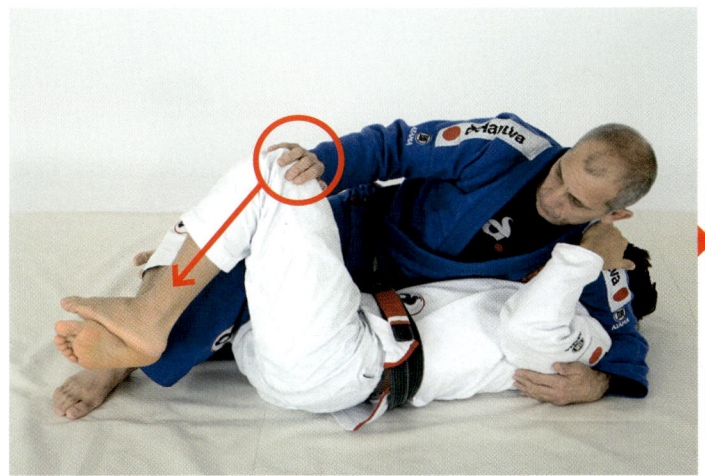

03 ▶ 右手で相手の左膝を押し右膝を抜いたら……。
오른손으로 상대방의 무릎을 누르며 무릎을 빼낸다.

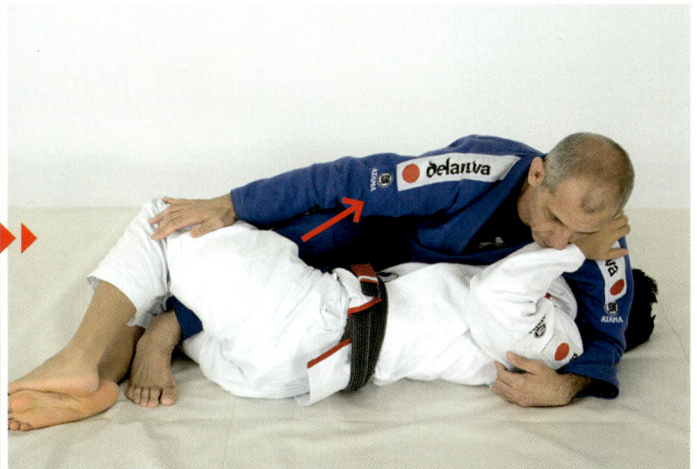

04 ▶ 左側に腰を切り右手で相手の左脇を差して右足をスライドさせ足首を抜く。サイドポジションを奪ったら相手に向き直して押さえ込む。
왼쪽으로 허리를 틀며 오른손은 상대방 겨드랑이를 파고 오른쪽 다리를 슬라이딩 시키며 발목을 빼내 사이드 포지션을 점유한다.

Technique 154 Top Position

Half Guard Pass ❻

ハーフガードに対してのパスガード❻　하프 가드 패스 ❻

01 ▶ 相手の上半身を固めたハーフガードの形から。
상대방의 상반신을 누르는 하프 가드 상태에서,

02 ▶ 左に腰を切ったら左手は相手の左肩越しに肩を固める、右手は相手の左膝を押して右膝を出した後にたたむように反対側に押し込む。
왼쪽으로 허리를 틀며 왼손은 상대방 왼쪽 어깨 너머로 넘어온다. 오른손으로 상대방 무릎을 누르고 무릎을 빼낸다.

03 ▶ 右膝を相手の左腿から相手の左脇腹横までスライドさせ相手の真上に乗ったら、右手を相手の頭の下に差し込み……。
무릎을 상대방 왼쪽 허벅지부터 상대방 왼쪽 골반까지 슬라이딩시켜 상대방 위에 올라오면, 오른손을 상대방의 목 아래로 넣어준다.

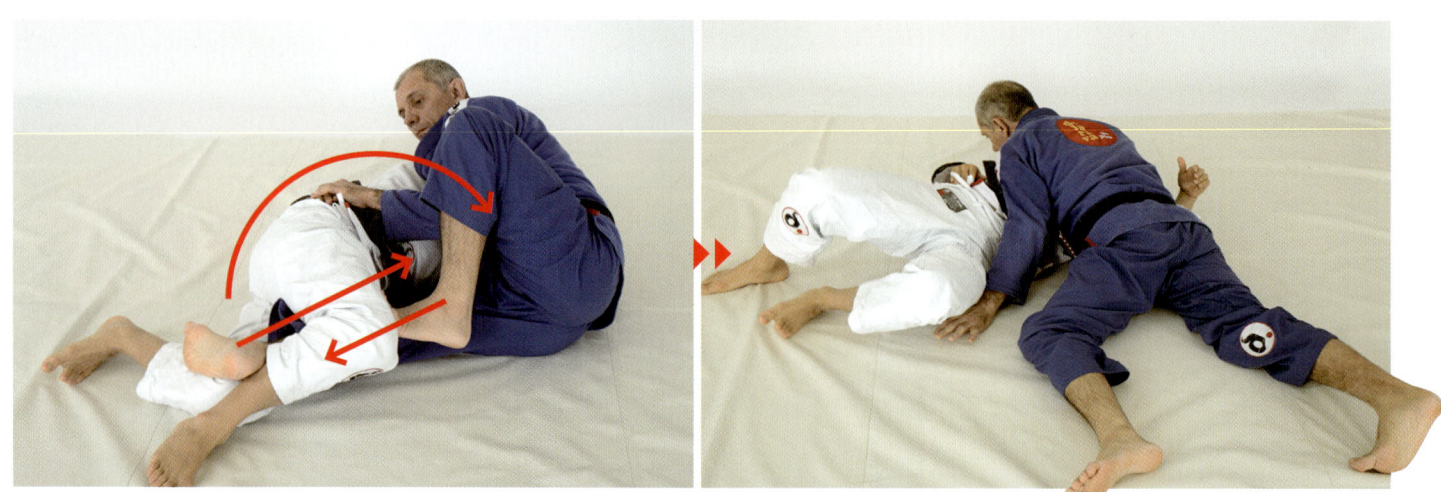

04 ▶ 右側に腰を切ってリバースハーフガードの形にする。左足で相手の右腿を蹴り、右足を抜いたら相手に向かい押さえ込む。
오른쪽으로 허리를 틀어 앉으며 리버스 하프 가드 형태로 전환한다. 왼발로 상대방 오른쪽 허벅지를 밀어주며 오른발을 빼낸 후 사이드 마운트 포지션을 점유한다.

Half Guard Pass ❼

ハーフガードに対してのパスガード ❼　　하프 가드 패스 ❼

Technique 155 — Top Position

01 ▸ 相手の上半身を固めたハーフガードの形から。
상대방의 상반신을 누르는 하프 가드 상태에서 ,

02 ▸ 左側に腰を切る。左脇で相手の上半身を押さえながら、左肘を相手の左脇下に入れ、矢印方向に押し込み脇を開けさせる。
왼쪽으로 허리를 틀어 왼손은 상대방의 겨드랑이 방향으로 밀어 올려준다.

03 ▸ 右手で相手の左膝を押し右膝を抜く。
오른손으로 상대방 무릎을 누르며 무릎을 빼낸다 .

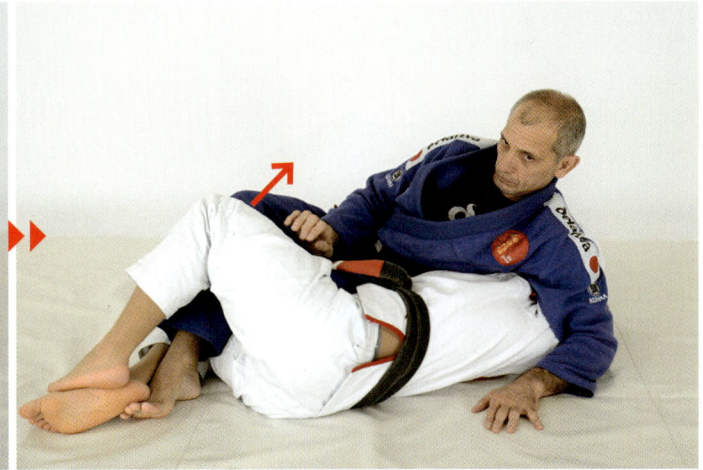

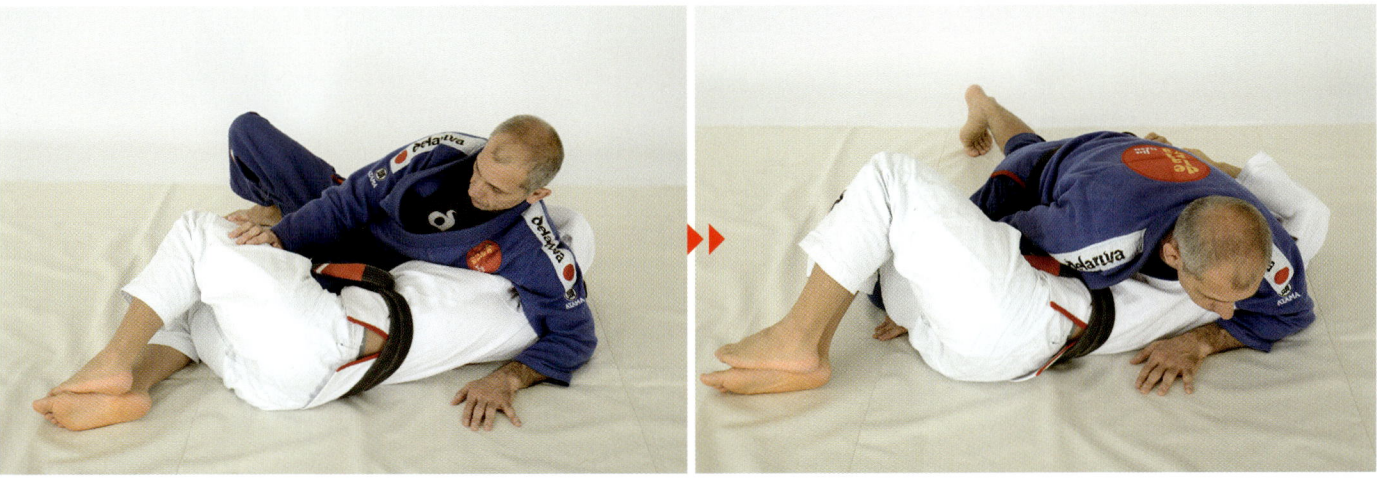

04 ▸ 足首が引っかかっていたら、相手の腰骨に当てた左膝を突っぱりながら抜き、相手に向かい押さえ込む。
발목이 걸리면 상대방 골반에 무릎을 세워 받친 후 , 반대 발로 밀어 사이드 포지션을 점유한다 .

Half Guard Pass ❽

ハーフガードに対してのパスガード❽ 하프 가드 패스 ❽

01 ▸ 相手のニーシールドハーフガードの形から。
상대방의 니 실드 하프 가드 상태에서.

02 ▸ 両手で相手の両足を束ねるように抱える。
양손으로 상대방 허벅지를 감싸 안는다.

03 ▸ 絡まれている右足を伸ばし、足のクラッチを外したら両足は抱えたまま相手の右足を越える。
오른쪽 다리를 펴고 발이 빠져나오면 다리는 감싸안은 채 상대방 오른발을 넘어온다.

04 ▸ 相手のエビを防ぐため、右膝を相手の右腿下に入れサイドポジションを奪い押さえ込む。
상대방의 엉덩이 빼기를 막기 위해 무릎을 상대방 오른쪽 허벅지 안에 넣고 사이드 포지션을 점유한다.

Half Guard Pass ❾

ハーフガードに対してのパスガード ❾   하프 가드 패스 ❾

Technique 157 Top Position

01 ▶ 相手のニーシールドハーフガードの形から。
상대방의 니 실드 하프 가드 상태에서,

02 ▶ 相手の両足の間からマットに手の平が着くまで右手を差し込む。
상대방의 다리 사이로 오른손을 넣어 땅을 짚는다.

03 ▶ 右肩で相手の左腿外側からプレッシャーをかけ、絡まれている右足を伸ばして足のクラッチを外す。
오른쪽 어깨로 상대방 왼쪽 허벅지 바깥쪽을 눌러주며 오른쪽 다리를 뻗어 그립을 푼다.

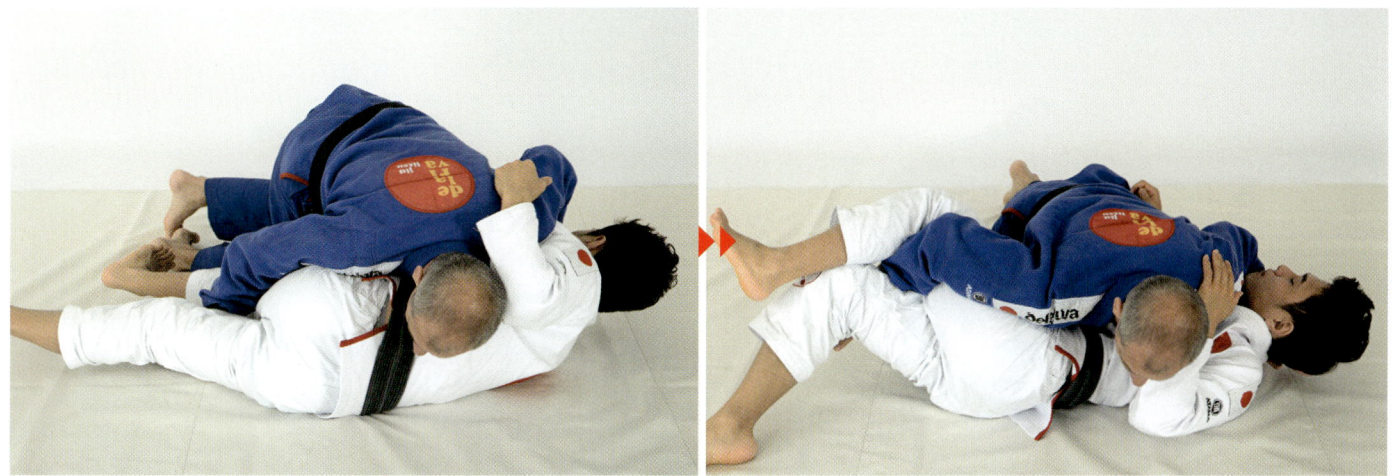

04 ▶ 上半身でプレッシャーをかけながら左に回っていき、足を越えたらサイドポジションを奪い押さえ込む。
상체로 압박을 가하며 왼쪽으로 돌아 다리를 넘으며 사이드 포지션을 점유한다.

Half Guard Pass ⑩

ハーフガードに対してのパスガード⑩　하프 가드 패스 ⑩

01 ▸ 相手のディープハーフガードの形から。
상대방의 딥 하프 가드 상태에서.

02 ▸ 絡まれていない左足で頭側から相手をまたぎ、リバースハーフガードの形にする。
묶이지 않은 왼발을 상대방 머리 위로 넘겨, 리버스 하프 가드의 형태로 전환한다.

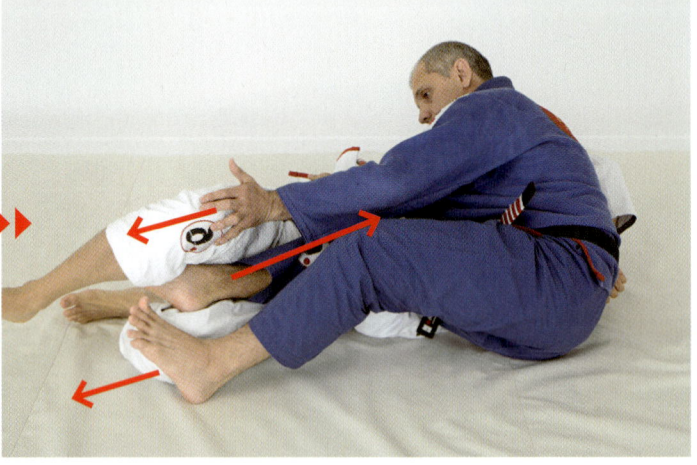

03 ▸ 右肘を相手の右脇下に入れ、左手で相手の右膝を押さえながら、左足は相手の左腿を蹴り絡まれた右足を抜いたら……。
오른쪽 팔꿈치를 상대방 오른쪽 겨드랑이에 끼운다. 왼손은 상대방 무릎을 누르고 상대방 왼쪽 허벅지를 밀어주며 오른발을 빼낸다.

04 ▸ サイドポジションを奪い押さえ込む。
사이드 포지션을 점유한다.

X Guard Pass ❶

X ガードに対してのパスガード❶　엑스 가드 패스 ❶

Technique 159 Top Position

01 ▶ 相手のXガードの形から。
상대방의 엑스 가드 상태에서.

02 ▶ お尻を落としながら右手で相手の上になってる側の足（右足）のつま先を押さえ下に押し込む。左手は相手の左袖をつかむ。
엉덩이를 낮추면서 오른손은 상대방 위에 있는 발(상대방 오른발)을 아래로 누르며, 왼손은 상대방의 왼손을 잡는다.

03 ▶ 相手の足を押し込むと同時に右足を矢印のように移動させ相手に座り込み、マウントポジションを奪う。
상대방 다리를 누름과 동시에 오른쪽 다리를 화살표 방향으로 이동하여 마운트 포지션을 점유한다.

Technique 160 — Top Position

X Guard Pass ❷
X ガードに対してのパスガード❷   엑스 가드 패스 ❷

01 ▶ 相手の X ガードの形から。
상대방의 엑스 가드 상태에서.

02 ▶ 両手で相手の左袖をつかんで腰を上げる。
양손으로 상대방 왼손을 잡고 상체를 세운다.

03 ▶ 右手を離して相手の右膝に持ち替え、抱えられている左足で相手の頭をまたいだら、左手上腕部に座り込むように腰を落とす。
오른손을 당겨 상대방의 그립을 뜯고, 무릎으로 옮겨 잡는다. 잡혀 있는 왼발은 상대방 머리를 넘어와 왼손 이두근에 주저앉는다.

04 ▶ 右足を矢印のように移動させ押さえ込む。
오른쪽 화살표처럼 이동하며 사이드 포지션을 점유한다.

Butterfly Guard Pass ❶

バタフライガードに対してのパスガード ❶　버터플라이 가드 패스 ❶

Technique 161 Top Position

01 ▶ 相手のバタフライガードの形から。
상대방의 버터플라이 가드 상태에서,

02 ▶ 座ったまま前に移動し、両膝を閉じて相手の足をたたむ。
무릎을 꿇은 채 앞으로 이동하여 상대방의 무릎을 조여준다.

03 ▶ 両手で相手の両腿を外側から抱えたら腰をあげて……。
양손으로 상대방 양쪽 허벅지를 밖에서 안으로 눌러주며 상체를 세워,

04 ▶ 相手の両膝を跳び箱を飛ぶように一気に飛び越えマウントポジションを奪う。
상대방의 두 무릎을 뜀틀 넘듯이 올라타며 마운트 포지션을 점유한다.

Technique 162 Top Position

Butterfly Guard Pass ❷

バタフライガードに対してのパスガード ❷　버터플라이 가드 패스 ❷

01▶ 相手に密着されたバタフライガードの形から。
상대방이 밀착하여 붙은 버터플라이 가드 상태에서.

02▶ 相手のスイープの仕掛けに対して、上半身で相手の膝から上半身にかけてプレッシャーをかける。
상대방의 스위프를 막기 위해 상대방 무릎과 상체를 압박한다.

03▶ 相手の両足の間に左膝をスライドさせ、右に腰を切り右足で相手の足を超えたら……。
상대방 다리 사이에 무릎을 슬라이딩 시키며, 오른쪽으로 허리를 틀어준다. 오른발이 상대방의 다리를 넘어가면.

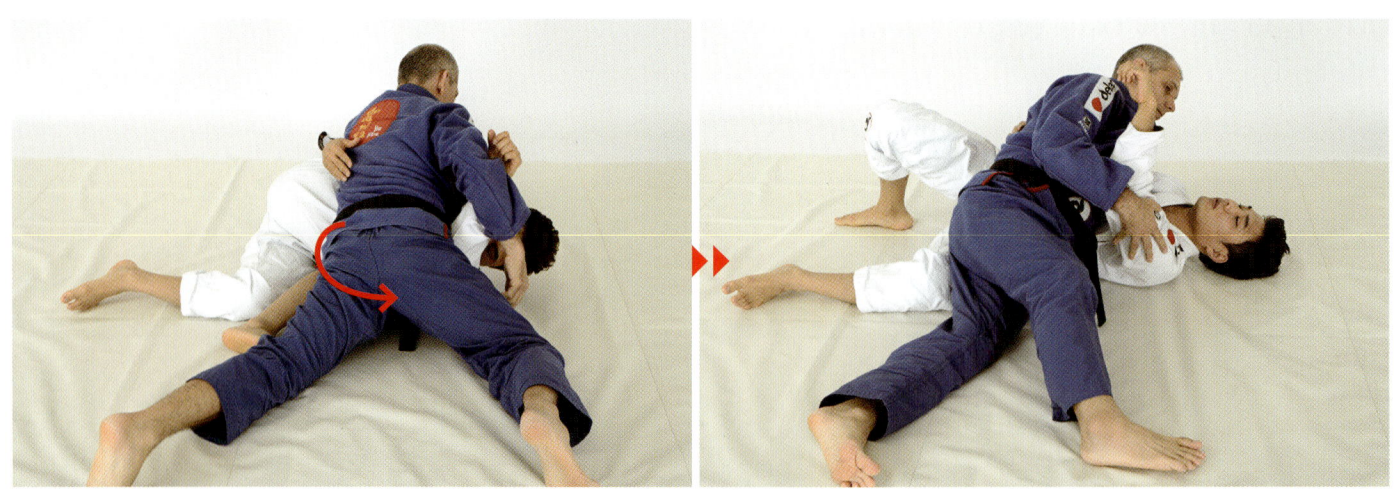

04▶ 下半身で相手の右膝にプレッシャーをかけ、左に腰を切ってサイドポジションを奪い押さえ込む。
골반으로 상대방 무릎을 눌러 왼쪽으로 허리를 틀며 사이드 포지션을 점유한다.

Butterfly Guard Pass ❸

バタフライガードに対してのパスガード❸　버터플라이 가드 패스 ❸

Technique 163 Top Position

01 ▶ 相手に密着されたバタフライガードの形から。
상대방이 밀착하여 붙은 버터플라이 가드 상태에서 ,

02 ▶ 相手のスイープの仕掛けに対して、左手を相手の右膝裏から通して相手の左膝をつかむ。
상대방 스위프를 막기 위해 , 왼손을 상대방 오른쪽 뒷무릎에 끼우고 오른손은 무릎을 잡는다 .

03 ▶ 上半身を使い、相手を潰してプレッシャーをかけ、右手を相手の頭の下から通して上半身を固める。
상체를 눌러 그립을 깨뜨리고 오른손을 상대방 머리 아래에 넣어 상체를 압박한다 .

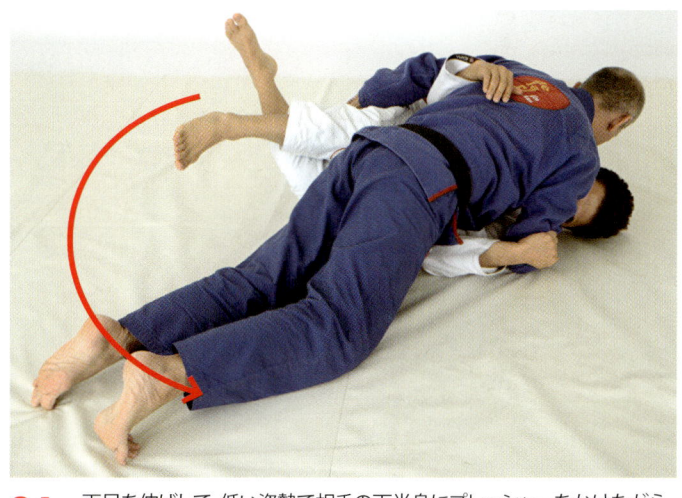

04 ▶ 両足を伸ばして、低い姿勢で相手の下半身にプレッシャーをかけながら、右に回りこんでいく。
양발을 뻗어 낮은 자세로 상대방 하체를 압박하면서 , 오른쪽으로 돌아간다 .

05 ▶ 相手の両足を越えたら腰を切って、サイドポジションを奪い押さえ込む。
상대방의 다리를 넘어가면 허리를 틀어 사이드 포지션을 점유한다 .

Technique 164 — Top Position

Butterfly Guard Pass ❹

バタフライガードに対してのパスガード❹　버터플라이 가드 패스 ❹

01 ▶ 相手に密着されたバタフライガードの形から。
상대방이 밀착하여 붙은 버터플라이 가드 상태에서.

02 ▶ 右手は相手の左上腕下から抱え、対角線の自分の襟をつかむ。
오른손은 상대방 왼쪽 팔을 감아 자신의 대각선 목깃을 잡는다.

03 ▶ 左手で相手の右腿を押しながら、相手の上半身にプレッシャーをかけ、左足で相手の右足を越える。
왼손으로 상대방 오른쪽 허벅지를 누르며 상대방 상체를 압박하고 왼발은 상대방 오른발을 넘어간다.

04 ▶ 右足も相手の足を越えたら、右膝を相手の腿に当て、左手は相手の左肩越しに上腕部を固め押さえ込む。
오른발도 상대방 다리를 넘어가며 무릎을 상대방 허벅지에 붙이고 왼손은 상대방의 왼쪽 어깨 너머 등을 잡는다.

Sit up Guard Pass ❶

シットアップガードに対してのパスガード❶ 싯업 가드 패스 ❶

Technique 165 Top Position

01 ▶ 相手のシットアップガードの形から。
상대방의 싯업 가드 상태에서,

02 ▶ 腰を落として、左膝を相手のみぞおちに当て、プレッシャーをかける。
무릎을 굽혀 상대방 명치에 대고 압박한다.

03 ▶ 左手で相手の背中越しに道着をつかんだら、大きく左側に腰を切る。
왼손은 상대방 등 너머 어깨 도복을 잡고 왼쪽으로 오른발을 넘겨준다.

04 ▶ この時左足が抜けなかったら、160ページ04の方法で足を抜く。サイドポジションを奪い押さえ込む。
이 때 왼발이 빠지지 못하면 160쪽 04의 방법으로 발을 빼며 사이드 포지션을 점유한다.

Technique 166 Top Position

Sit up Guard Pass ❷

シットアップガードに対してのパスガード❷   싯업 가드 패스 ❷

01 ▶ 相手のシットアップガードの形から。
상대방의 싯업 가드 상태에서,

02 ▶ 右手で相手の左足首を掴む。上から掴むのではなく、指が足首の下を包むようにつかむ。
오른손은 상대방 왼쪽 발목을 손가락이 발목 아래를 감싸듯 잡는다.

03 ▶ 右手で相手の左足首を持ちあげる。
오른손으로 상대방 왼쪽 발목을 들어올린다.

04 ▶ 左膝でプレッシャーをかけながら、両手で相手の左足を自分の左側に流して……。
무릎으로 압박을 가하며 양손으로 상대방 왼쪽 다리를 자신의 왼쪽으로 당긴다.

05 ▶ 下半身で相手の左腿側面にプレッシャーをかけレッグドラッグの形にしたら、右手を相手の頭の下に回し入れ上半身を制しサイドポジションを奪い押さえ込む。
상대방 왼쪽 허벅지 측면을 압박하는 레그 드래그 형태로, 오른손은 상대방 목 아래를 감싸고 상체를 틀어 압박하며 사이드 포지션을 점유한다.

Mount Position from side control ❶

サイドコントロールからマウントポジションを奪う❶ 사이드 컨트롤에서 마운트 포지션으로 전환 ❶

Technique 167 — Top Position

01 ▶ 相手の肩越しに上半身を固めたサイドポジションから。
상대방의 어깨 너머로 상체를 압박하는 사이드 포지션에서 ,

02 ▶ 右手を相手の左腿側面に当て、手前に引き寄せる。
오른손을 상대방 왼쪽 무릎을 잡고 당겨준다 .

03 ▶ 右膝を相手の下腹部からスライドさせ反対側のマットにつける。膝がマットにつくまでは足首はまっすぐに伸ばし、相手の左腿を越えてから足首を回すのがポイント。マウントポジションを奪ったら、両手をマットについてバランスを取り両膝を締める。
무릎을 상대방 골반 방향으로 슬라이딩 시켜 반대 매트로 넘어간다 . 무릎이 매트에 붙을 때까지 발목은 곧게 펴고 상대방 왼쪽 허벅지를 넘어와 발목을 넘겨주는 것이 포인트 . 마운트 포지션을 점유하면 손은 땅을 짚어 균형을 잡고 두 무릎을 조인다 .

Technique 168 Top Position

Mount Position from side control ❷

サイドコントロールからマウントポジションを奪う❷   사이드 컨트롤에서 마운트 포지션으로 전환 ❷

01 ▶ 相手の肩越しに上半身を固めたサイドポジションから。
상대방의 어깨 너머로 상체를 압박하는 사이드 포지션에서.

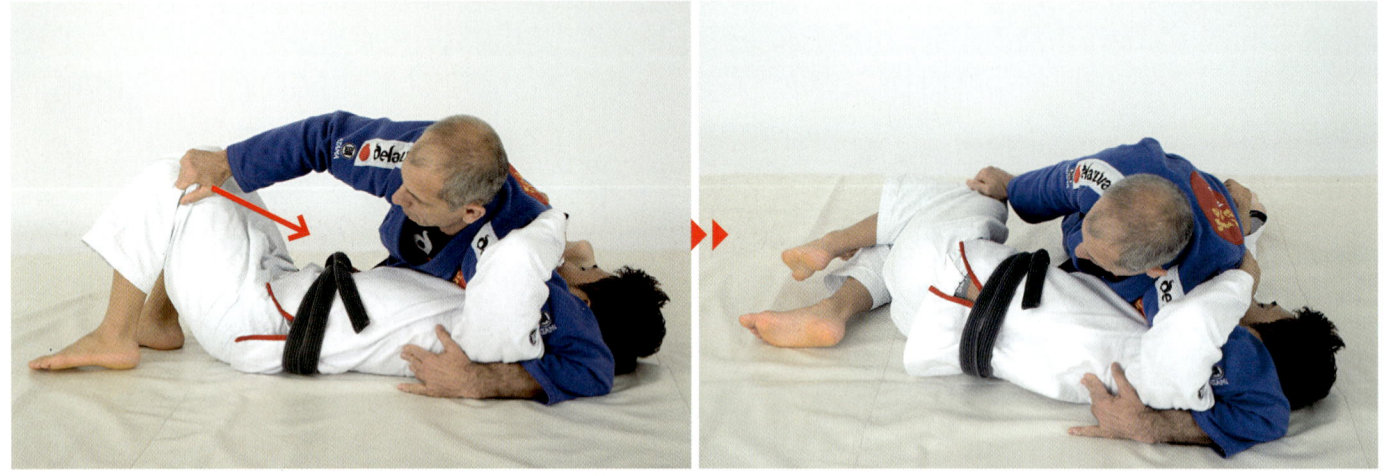

02 ▶ 右手で相手の左膝をつかみ、自分側に引き寄せ相手の両膝をたたんでしまう。
오른손으로 상대방 무릎을 자신 쪽으로 당기며 상대방 두 무릎을 붙여준다.

03 ▶ 自分の右手ごと右足で相手の両足をまたぎ、反対側のマットについたら右手を抜き相手に向かい合ってマウントポジションを奪う。
오른손은 잡은 채로 오른발이 상대방 다리를 넘어간다. 반대편 매트에 도달하면 오른손은 놓고 상대방을 마주보며 마운트 포지션을 점유한다.

Mount Position from side control ❸

サイドコントロールからマウントポジションを奪う❸　　사이드 컨트롤에서 마운트 포지션으로 전환 ❸

Technique 169 Top Position

01 ▶ 相手の上半身を両手で固めたサイドポジションから。
상대방의 상체를 양손으로 껴안은 사이드 포지션에서.

02 ▶ 上半身を固めたまま少し腰を浮かせ、相手の下腹部から右膝をスライドさせていく。
상체를 압박한 채로 허리를 들어 상대방 골반으로 무릎을 슬라이딩 시킨다.

03 ▶ 反対側のマットに膝が着いたら、相手の上体を固めていた手を離す。マウントポジションを奪ったら、両手をマットについてバランスを取り両膝を締める。
반대편 매트에 무릎이 도달하면 상대방의 상체를 압박하던 손을 놓고, 마운트 포지션을 점유한다. 손은 땅을 짚어 균형을 잡고 두 무릎을 조인다.

Taking the Back from side control

サイドコントロールからバックを奪う　사이드 컨트롤에서 백테이킹

01 ▸ 相手の上半身を両手で固めたサイドポジションから。
상대방의 상반신을 양손으로 껴안은 사이드 포지션에서.

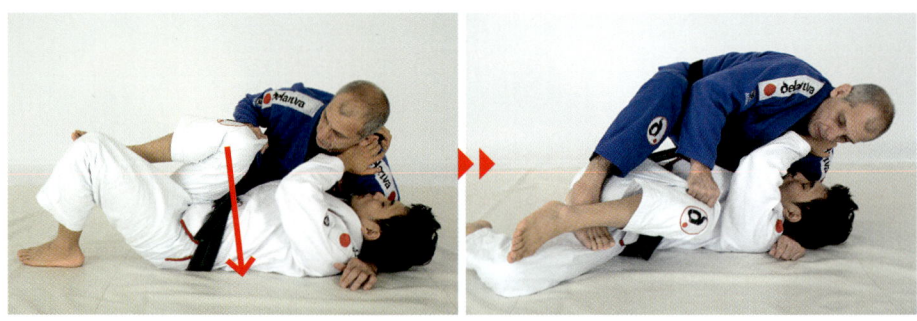

02 ▸ 右手で相手の右膝をつかみ、反対側のマットに押し付ける。
오른손으로 상대방 무릎을 잡고 반대편 매트로 밀어준다.

03 ▸ 右足を相手の両足の間に入れたら、右脛を相手の右ふくらはぎに当て、胸で相手の右肩を潰し相手の体を左側に向ける。
오른발을 상대방 다리 사이에 넣으며 오른쪽 정강이를 상대방 오른쪽 종아리에 걸고 가슴으로 상대방 오른쪽 어깨를 압박하여 상대방 오른쪽으로 몸을 틀게 한다.

04 ▸ 右手で相手の肘を左脇下からすくって、左手は相手の頭の後ろから通し、相手の右手首をつかむ。
오른손은 상대방 팔꿈치를 당기고 왼손은 상대방 목 뒤로 감싸 오른쪽 손목을 잡는다.

05 ▸ 後ろに倒れながら相手を引き寄せる。相手の体が自分に乗ったら、左手を引いて真後ろに移動する。両足を相手の鼠蹊部にフックしてバックを奪う。
뒤로 넘어지며 상대방을 끌어당긴다. 상대방 몸이 자신에게 올라타면 왼손을 당기며, 두 다리를 상대방 허벅지에 훅을 걸어 백을 점유한다.

Message from Master De La Riva

デラヒーバ先生からブラジリアン柔術を愛するみなさんへ

The De La Riva Guard is a quite recent jiu-jitsu technique, created during the 80's, by our master Ricardo De La Riva. Of the jiu-jitsu techniques that involve the names of athletes - "Kimura", "Ezequiel" and "De La Riva" - this is the only one that is named after a jiu-jitsu athlete and is the only one of the three that actually arose from the evolution of jiu-jitsu, considering that Kimura and Ezequiel were judokas and the techniques that are named after them are ancient Judo techniques("Kimura" is known in judo as "Ude Garami", and "Ezequiel" is known in judo as "Sode Guruma Jime").

데라히바 가드는 80년대에 마스터 히카르도 데라히바가 창조한 최신 주짓수 기술입니다. 기무라, 이제키엘, 데라히바 라는 이름을 따온 기술 중, 유일하게 주짓수 선수의 이름을 따왔으며, 기무라와 이제키엘은 유도가이며 그 이름을 따서 명명 된 기술은 고대 유도 기술입니다.("기무라"는 유도에서 "우데 가 라미" 라고 알려져 있으며, "이제키엘"은 유도에서 "소데 구루마 지메" 라고 합니다.)

Master Ricardo De La Riva started training BJJ in 1980, having been awarded his black belt from the hands of master Carlson Gracie in 1986. He presented excellent performance in competitions, having beaten various Jiu-jitsu legends that were, until then, unbeatable in certain competitions. His most notable performance was during the Copa Cantão Championship, in the middle of 1986. Additionally, he also trained and helped train great BJJ and MMA athletes.

마스터 히카르도 데라히바는 1980년 주짓수를 훈련하기 시작했고, 1986년 칼슨 그레이시에게 그의 검은띠를 수여받았습니다. 그는 다양한 주짓수 전설들을 이겨내고 우수한 경기력을 보여주었습니다. 그의 가장 주목할 성과는 1986년 중반, 코파 칸토 챔피언십(Copa Cant o Championship) 이였습니다. 또한 BJJ 와 MMA 선수들을 훈련시키고 도와주고 있습니다.

At the time of its appearance, the guard style most used in jiu-jitsu was the "Closed Guard". Having a smaller physique than that of his training colleagues, de la Riva was practically forced to train using the Open Guard technique. It was during the use of this guarding technique(when he was still a brown belt) that he realized that he was successfully unbalancing many of his training partners, particularly when he used his feet as a hook(this technique arose due to, in his own words, his instinct of survival). Having understood the potential of his discovery, De La Riva put his creativity to work. Since he was already training at the academy with some of the best guard passers in the world, this was the perfect laboratory to conduct tests. It was then that his partners started calling the position "Guarda Pudim"(Pudding Guard), due to the instability that it caused to the passers balance, making them wobble like a pudding.

주짓수 출현 당시 가장 많이 사용 된 가드 스타일은 클로즈드 가드였습니다. 데라히바는 훈련 하던 동료들의 체격보다 작은 체격을 가졌으므로 오픈 가드 기술을 사용하여 훈련해야 했습니다. 이 가드 기술 (그가 갈색벨트 부터) 을 사용하면서 그는 성공적으로 훈련 파트너 중 많은 사람들이 균형을 못 잡는 것을 깨달았습니다. 특히 발을 갈고리처럼 사용했을 때 더욱 유용합니다.(이 기술은 그의 말로 말하자면 생존 본능 때문에 생겨났습니다.) 데라히바는 가능성을 이해하고 창의력을 발휘했습니다. 그는 이미 세계 최고의 가드 패서들과 함께 아카데미에서 훈련을 했기 때문에 테스트를 수행하기에 완벽한 실험 장소였습니다. 그 때 그의 파트너들은 "Guarda Pudim"(푸딩 가드) 라고 부르기 시작했습니다. 그 이유는 패서들이 균형을 잡지 못하게 푸딩처럼 흔들었기 때문입니다.

The title that called the attention of Jiu-Jitsu followers to De La Riva was, coincidentally, the same that brought acknowledgement to his new guard: the 1986 Copa Cantão Championship in which he participated as an underdog and ended up being proclaimed champion. Few believed that De La Riva had any chance of beating the undisputed favorite but he proved that he was worthy of the challenge and, taking utmost advantage of his referenced hook, won the fight after the referee's decision. The fight received a lot of coverage from the jiu-jitsu specialized media which used the term "De La Riva Guard" to describe this new position.

그가 우승을 차지하게 된 1986년 코파 칸토 챔피언십은 그의 새로운 가드를 인정받은 것과, 데라히바가 주짓수 추종자들의 관심을 받게된 타이틀입니다. 데라히바가 명백한 우승 후보를 이길 가능성이 있다고 믿는 사람은 많지 않았지만 그의 도전이 가치 있었고 그것을 증명하려 했으며, 그의 훅을 최대한 사용해서 심판 판정으로 시합에서 이겼습니다. 이 시합에서 나온 새로운 포지션을 "데라히바 가드" 라는 용어를 사용하여 주짓수 전문 미디어에 묘사되었습니다.

Since its first appearance, the De La Riva Guard has not stopped evolving. It is adopted by many world champions and has become one of the most taught jiu-jitsu techniques. It is a position that has extrapolated its original format, having today various different developments, inversions and adjustments.

데라히바 가드는 처음 등장한 이래로 진화를 멈추지 않았습니다. 그것은 많은 세계 챔피언에 의해 채택되고 가장 많이 가르치는 주짓수 기술 중 하나가 되었습니다. 오늘날 원래의 형태를 다양한 형태로 개발, 발전 및 조정되고 있습니다.

Kuniaki Hamajima

デラヒーバ柔術・日本総代表
浜島 邦明

ブラジリアン柔術界の生きる伝説とし
て世界中で有名なヒカルド・
デラヒーバより、
日本人では初めて黒帯を取得。

1996 年ハワイアン・オープン入賞。
1997 ブラジル・リオデジャネイロにて行われた世界大会出場。
1998 年第 1 回全日本選手権優勝。
2007 年ヒカルドデラヒーバより黒帯を取得。

現在、日本ブラジリアン柔術連盟理事・事務局長としてブラジリ
アン柔術
普及を目標に全国にて大会を運営・
開催を行っている。

데라히바 주짓수 일본 대표
하마지마 쿠니아키

브라질리언 주짓수계의 살아있는 전설로
세계에서 유명한 히카르도 데라히바에게
일본인 최초로 검은띠를 취득.

1996 년 하와이 오픈 입상
1997 년 브라질 리우데자이루에서 열린 세계대회 출전
1998 년 제 1 회 전일본 선수권 준우승
2007 년 히카르도 데라히바스승님에게 블랙벨트를 사사받음
현재 일본 브라질리언 주짓수연맹 (JBJJF) 이사 , 사무국장으로써
브라질리언 주짓수의 보급을 목표로 전국 대회 운영 및 개최를 담
당하고 있음 .

Ricardo De La Riva

ヒカルド・デラヒーバ

1980 年リオデジャネイロで柔術を始める。
1984 年 " デラヒーバガード " 技術を開発。
1985 年 コパ・カンターオでホイラーグレイシーに勝利しチャン
ピオンとなる。
1986 年 カーウソン・グレイシーより黒帯を取得。

1993 年 ヒカルド・デラヒーバは指導に専念をしたが、37 歳と
して世界選手権大会に出場。9 年ぶりの試合出場ながら銅メダル
を獲得。
2003 年 アブダビコンバットにも参戦。

代表弟子として Walter Broca, Helvecio Penna, Rodrigo and
Rogerio Nogueira 外多数。

히카르도 데라히바

1980 년 리오데자네이루에서 주짓수 시작
1984 년 "데라히바 가드 " 라는 기술을 개발
1985 년 코파칸토에서 호일러 그레이시를 상대로
승리 후 챔피언에 등극 .
1986 년 칼슨 그레이시에게 검은띠 사사받음 .

1993 년 히카르도 데라히바는 교육에 전념하기 위해 은퇴 하였지
만 , 37 세의 나이로 세계 선수권 대회에 출장해 9 년만의 시합에
서 동메달을 입상함.
2003 년 ADCC 대회에도 참가 .

대표 제자로는 Walter Broca, Helvecio Penna, Rodrigo and
Rogerio Nogueira, 외 다수

Lee Jung woo

デラヒーバ柔術 (BON 柔術). 韓国総代表
イジャンウ

ブラジリアン柔術界の生きる伝説として世界中で有名なヒカル
ド・デラヒーバより、韓国人では初めて黒帯を取得。

2008 年ブラジル・リオデジャネイロにて
行われた IBJJF CHAMPION SHIP で準優勝。
2009 年日本デラヒーバカップ 選手権準優勝。
2011 年 JAPAN ASIA CUP 銅メダル。
2012 年ヒカルド・デラヒーバより黒帯を取得。

現 ADCC KOREA 代表、韓国柔術連盟の
会長としてブラジリアンの普及を目標として
全国にて大会を運営・開催を行っている。

데라히바 주짓수 한국 대표 (본주짓수)
이정우

브라질리언 주짓수의 살아 있는 전설로 세계에서 유명한 히카르도
데라히바에게 한국인 최초로 검은띠를 취득 .

2008 년 브라질 리오데자네이로에서 IBJJF 챔피언십 동메달 .
2009 년 일본 데라히바컵 선수권 준우승 .
2011 년 일본 도쿄에서 IBJJF 아시안컵 동메달 .
2012 년 히카르도 데라히바에게 검은띠를 취득 .

現 ADCC KOREA 대표이며 , 한국주짓수협회 회장으로 브라질리
언 주짓수 보급과 저변 확대를 목표로 전국에서 대회를 운영 및
개최하고 있음 .

De La Riva Jiu-Jitsu
170 Techniques

STAFF

Demonstrations	Ricardo De La Riva
Demonstration Partner	Lee Jung woo
Collaboration	Kuniaki Hamajima
Planning	Lee Jung woo
Edit	Takehiro Mori
Desingn	Takehiro Mori

초판인쇄 | 2018년 1월 24일
초판발행 | 2018년 1월 30일
저자 | Ricardo De La Riva, 이 정우
발행인 | 김상일
발행처 | 혜성출판사
발행처 주소 | 서울시 동대문구 난계로26길23 삼우빌딩 A동205호
전화 | 02)2233-4468   FAX | 02)2253-6316
출력 | 삼진프린택
인쇄 | 삼진인쇄
등록번호 | 제6-0648호
hyesungbook@live.co.kr

정가 30,000원

ISBN 979-11-86345-32-0 (03690)

＊ 이 책의 무단복제 또는 무단전재는 법으로 금지되어 있습니다.